Felicidade fechada

CB021568

Coordenação de projeto
Reinaldo Reis e Sergio Alves
Edição
Rogério Chaves
Diagramação
Reinaldo Reis
Revisão
Angela Damaceno, Juliana Queiroz
Arte da capa
Reinaldo Reis
Apoio
Ponte Produções
Imagem de capa
Obra coletiva bordada sobre pano (200 x 150 cm) elaborada de forma solidária por familiares e amigos de José Genoino. Fotos: Reinaldo Reis
As imagens presentes na obra (páginas 125, 152 e 162 e todo o caderno de imagens) fazem parte do acervo da família e foram gentilmente cedidas.
Fotos: Beth Ziani, Lu Sampaio

Dados Internacionais de Catalogação na Publicação (CIP)

G335f Genoino, Miruna.
           Felicidade fechada / Miruna Genoino. – São Paulo, SP :
Cosmos, 2016.
           240 p. : il. ; 21 cm.

           ISBN 978-85-68800-09-6

           1. Políticos - Brasil. 2. Genoino, José. 3. Política - Brasil -
History. 4. Cartas. I. Título.

                                                                    CDU 32-051(81)
                                                                    CDD 320.981

           Índice para catálogo sistemático:
                   1. Políticos - Brasil   32-051(81)
           (Bibliotecária responsável: Sabrina Leal Araujo – CRB 10/1507)

Editora Cosmos
Rua Caranapatuba, 494
Jardim Umarizal
São Paulo, SP, Brasil
CEP 05756-220

www.editoracosmos.com.br
cosmos@editoracosmos.com.br

Felicidade fechada

Miruna Genoino

Editora Cosmos

Dedico este livro a cada uma das 2.624 pessoas que contribuíram com a campanha de arrecadação para o pagamento da multa injustamente imposta ao meu pai em 2014. Graças à generosidade destas mulheres e homens, a família Genoino soube, em um momento muito difícil, que nossa luta não era solitária.

Sumário

Agradecimentos

Em um percurso tão extenso, e tão cheio de vivências, é difícil saber como restringir às palavras as pessoas a quem devo agradecer. Por isso, começo com o mais óbvio: agradeço profundamente ao meu pai, José Genoino Neto, por ter sido quem foi para mim sempre, todos os dias de minha vida, sem talvez, sem será, apenas sendo ele, e sendo tudo para mim. Sem a verdade do que ele foi para mim, para nós, não existiriam forças suficientes para aguentar o que este meu livro conta. Junto a ele agradeço à minha mãe, Rioco Kayano, por ter sido sempre a fortaleza mais segura que todos poderíamos escolher, com firmeza de caráter e com coragem para estar sempre do lado do homem que ama e da família que construiu. Mamãe, você é uma inspiração para mim, hoje e sempre.

Agradeço também, profundamente, ao meu irmão Ronan, meu Nanan, por ser sempre meu parceiro de vida, meu melhor amigo, meu confidente e minha paz, em todos os momentos, meu amor tão intenso e profundo que sinto nesta vida. Sua existência muda minha vida, Nanis. Agradeço à Mariana, minha irmã tão amada, pela paciência de seu amor, pela verdade de seus gestos, pela presença verdadeira e insubstituível em minha vida. Agradeço à Marília por ter entrado em nossas vidas e, ao mesmo tempo, por ter mostrado o amor verdadeiro ao meu irmão quando ele mais precisava, e agradeço eternamente a você, Pedro, por sua alegria constante, espírito de luz e risos e generosidade, sempre firme no cuidado de minha irmã.

Meu mais profundo agradecimento ao meu marido, Juan Miguel. Sem ele eu não teria sobrevivido, e toda minha família sabe disso, não como uma frase feita, mas como a mais profunda verdade. Ele me acolheu, me segurou, me levantou, até me arrastou quando foi preciso, e não desistiu de estar comigo, mesmo quando eu ficava por dentro e por fora feia e destruída pela dor que a vida me colocava. A ele serei sempre grata por ter sido meu acolhimento e meu coração, e a força de que meus filhos precisavam quando eu não podia dar. Paulinha e Luismi, meus filhos amados, meus tudos, meus amores, meus tesouros, minhas vidas, minhas razões de viver. Por eles acordei cada dia, por eles lutei, por eles gritei e fiz o que pude, e por eles lutaremos sempre por justiça. Este livro só existe para que vocês sempre se orgulhem de serem netos de Genoino.

Agradeço a todas as pessoas incríveis e maravilhosas que nos ajudaram e nos apoiaram no tempo de prisão fechada e domiciliar em Brasília. À Sônia e Lucena, que se tornaram verdadeiras amigas de meus pais, e Victor e Marianna, agradeço a coragem do recebimento sincero. À Lívia, Diogo, Gabi, Caetano e Graça, agradeço cada cama, comida, chá, bolo e carinho que compartilharam comigo e com meus filhos. À Antonio Ibiapina, agradeço a generosidade de oferecer nosso recanto de paz. À Débora, seu lindo filho, Luiz, Daíla, Eliseu, Heloísa, Regina e Mercadante, Sigmaringa, Márcia e Antonio agradeço cada vinda à nossa casa, cada comidinha trazida, cada jantar que nos foi oferecido, cada carinho. Marli, por suas mãos firmes, Dario, por sua condução segura, Ivone, por seu constante sorriso.

Agradeço ao nosso amado Luiz, sempre tão otimista, sempre tão iluminado, pela admiração por meu pai, sempre presente e firme ao nosso lado.

Ao querido Doutor Geniberto, nosso reconhecimento e agradecimento por seu olhar médico para o coração de meu pai, e por seu carinho humano, mostrando coragem, sempre. Doutor

Daniel, sempre seremos gratos à coragem de sua visita.

Agradeço a todas as pessoas de São Paulo que foram nos visitar em Brasília e às que nos ajudaram a suportar a dor da separação. Leda, amada, você foi nosso sopro de carinho e cuidado com nossa casinha enquanto minha mãe vivia longe. A todos da família Kayano, por terem sido minha mãe enquanto a minha estava longe, por cuidarem de meus filhos, por nos darem carinho. Por não me deixarem esquecer de como sorrir , ou melhor, gargalhar, e rir, e chorar, gritar e falar, tudo ao mesmo tempo. À família Lopez-Arza Frutos, que da Espanha mandou sempre seus desejos verdadeiros de que tudo melhorasse. Aos Genoino Guimarães, meu agradecimento pela compreensão da dificuldade da distância e minha saudade, sempre.

Agradeço a tanta gente mais...

À todas as mães e todos os pais dos amigos e amigas de Paulinha e Luismi que ficaram com eles quando eu não tinha uma vovó que me ajudasse. A todos meus colegas, parceiros, amigas e amigos da Escola da Vila, coloco aqui minhas palavras mais sinceras de agradecimento pela paciência e pelo respeito com minha dor. À querida Carolina Luz, por ter sido minha parceira incondicional na sala de aula, e por sua forma segura de me ajudar a seguir em frente. À Viviane Rei, minha amiga de tanto amor, por ter cuidado de mim e de meus alunos quando eu não era capaz de fazê-lo.

Cristiane Tavares e Nicolas, Andréa Polo, Léo e Lola, Andrea Tambelli e Gabriel, obrigada por terem cuidado de meus filhos nos momentos mais duros e terríveis, quando meu pai foi levado, momento que levou minha capacidade momentânea de ser mãe. Vocês preservaram meus filhos, cercando-os de carinhos e cuidados... Muito, muito obrigada! À todas as minhas amigas amadas, às Vips, Perukas, Ariadnes, Maestría, Primavera, Logueiras, a todas minhas parceiras amigas de vida, e vidas, que me ouviram, que me entenderam, que souberam aceitar minha dor, meu peso, minha tristeza, e não desistiram de mim, meu amor profundo por vocês... Mari e Ynaê, vocês são tudo para mim.

Gostaria de muito, sinceramente, agradecer ao grupo de

amigas da vida e do trabalho que generosamente se reuniram e proporcionaram o conforto de palavras terapêuticas que me salvaram da loucura. Andréa, Angela, Fernanda, Vânia, Gunga, Lilian, Dayse, Laís, nunca poderei agradecer o suficiente. Odelis, minha gratidão eterna a você.

À todas as mãos que bordaram a cortina de pássaros, nosso profundo agradecimento.

Aos blogs amigos, e aos jornalistas queridos que fizeram voar minhas palavras, meu muito obrigada. Paulo Henrique Amorim, você foi um emblemático guerreiro nesta luta de abrir outras portas para nós! Aos políticos corajosos que, mesmo diante do risco da exposição pública, não temeram nos ajudar, meu profundo reconhecimento! Em especial, agradeço a você, Suplicy, por sua generosidade de gestos e de apoio, a Paulo Teixeira e sua família, pelo carinho e presença firme, e ao querido Gilberto Carvalho, tão importante nos momentos de dificuldade.

Ao queridos José Dirceu e Delúbio, agradeço profundamente e eternamente todo o cuidado que tiveram com meu pai na Papuda, somos todos parceiros na luta em busca de justiça. A todos aqueles que estiveram com meu pai nesta penitenciária tão cinza para mim, e que cuidaram, conversaram, apoiaram-no, muito, muito obrigada.

Aos colegas de mestrado e aos professores deste curso que foi meu ar, meu foco, e o maior objetivo de continuidade da vida para meu pai, obrigada por não me deixarem esquecer de que eu podia seguir em frente. Giulianny, serei sempre grata por você ter insistido tanto para que eu fizesse esse curso que deixava sempre meu pai orgulhoso e confiante de que a vida segue, e por ter me ouvido durante nossas viagens, mesmo quando pouco se podia dizer diante de tanta dor.

Ao grupo de amigos verdadeiros de meu pai em São Paulo. Vocês que estiveram ao nosso lado no julgamento, na condenação, na Polícia Federal, que se mantiveram orgulhosos da amizade de meu pai, seremos sempre gratos. Serginho, sua amizade incondicional e verdadeira ao meu pai, sua coragem de estar ao lado dele quando tantos preferiram virar as costas, sua paciência com os telefonemas de domingo de manhã e de sábado à noite, seu cuidado e seu carinho. Você terá sempre nossa admiração.

Finalmente, quero terminar destacando meu agradecimento emocionado a Marcos Rogério, fiel mensageiro que entregou minhas cartas, sempre que possível, garantindo que minhas palavras não ficassem soltas na saudade. Obrigada, meu querido. Obrigada, Marina, por também entregar minhas mensagens quando eu não podia ficar sem falar.

Aline Sasahara, nosso agradecimento por ter aberto este caminho com a Cosmos, quando só ouvíamos "nãos" de editoras, com medo até de me responder uma mensagem. Obrigada, Reinaldo, Sérgio, Marleth, Rogério e editora Cosmos, pela parceria em tempos difíceis e pela valentia de me ajudar a publicar as palavras que todos acham mais fácil de se esquecer, mas que a vida se encarregará de libertar. Pelo fim das felicidades injustamente fechadas, sempre.

Obrigada a você, que está aqui, lendo este livro. Enquanto encontrarmos uma única pessoa disposta a nos ouvir, continuaremos a falar e a lutar, sempre.

Apresentação

Miruna Genoino escreveu um dos mais belos e comoventes depoimentos que já li ao longo de minha vida sobre quaisquer acontecimentos, pessoas ou episódios da História. Trata-se do drama que viveu, junto com sua família, primeiro, ao acompanhar com atenção todos os passos de seu pai, desde quando nasceu, em 1981, durante os anos de sua infância e adolescência, nos quais ele se tornou um dos mais dedicados e destacados membros e parlamentares do PT e, em especial, durante os dramáticos momentos em que José Genoino Neto foi denunciado, julgado e condenado à prisão por atos que, quando cuidadosamente analisados, como o foram pelo ministro Ricardo Lewandowski (STF), em seu parecer sobre a Ação Penal 470, não se constituíram em crimes.

Miruna relata como seu pai havia tido "uma história brilhante, iluminada, cheia de reconhecimentos e vitórias, e de repente virou um condenado, um político sem princípios, alguém relacionado ao dinheiro e não à luta por igualdade e justiça". A leitura deste livro ajudará as pessoas a encontrar a verdade e a conhecer a inocência de seu pai. Permitirá que conheçamos como Miruna, seus irmãos e filhos, "foi criada por um pai exemplar, um avô iluminado e que jamais roubou nada de ninguém, nem deixou de seguir os princípios de justiça e igualdade que sempre o guiaram".

Ela conta a origem de seu pai em Quixeramobim, no Ceará, no povoado Encantado, numa casa pobre, com seus irmãos e seus pais, camponeses que batalhavam para superar a seca. Ali, José Genoino percorria, todos os dias, 14km para ir à escola, pois queria muito estudar. Com muita qualidade, Miruna conta como seu pai nunca teve motivos para baixar a cabeça, nunca se envergonhar e de sempre seguir em frente.

Eu próprio tive uma convivência bastante próxima de José Genoino e posso dar o meu testemunho de como ele sempre procurou agir com toda retidão, desde quando participamos da fundação do Partido dos Trabalhadores (PT), em 10 de fevereiro de 1980, ali no Colégio Sion, tendo presentes pessoas como Luiz Inácio Lula da Silva, Djalma Bom, Plínio de Arruda Sampaio, Sérgio Buarque de Holanda, Mário Schemberg, Madre Cristina Sodré Dória e outras personalidades progressistas. Em 1978, fui eleito deputado estadual pelo MDB, extinto com a Arena, pelo governo Ernesto Geisel, no segundo semestre de 1979. Os líderes sindicais e intelectuais, que estavam organizando a formação do PT, convidaram a mim e outros cinco deputados estaduais – Irma Passoni, João Baptista Breda, Marco Aurélio Ribeiro, Sérgio Santos e Geraldo Siqueira, que haviam sido eleitos pelo MDB, para participarmos da fundação do PT, uma vez que tínhamos muitas afinidades com os propósitos daquele novo partido: dar voz e vez a todas as pessoas que, ao longo de nossa história, não influenciavam as decisões dos governantes; democratizar as instituições brasileiras com eleições livres e diretas para prefeitos, governadores e presidente; instituir instrumentos de política econômica e social que significassem a realização de maior justiça e a construção de uma sociedade mais igualitária, sempre agindo com ética e transparência; ajudar na transformação do Brasil por meios democráticos e pacíficos. Dentre os que redigiram os estatutos do PT estava Plínio de Arruda Sampaio. Procurei consultar o maior número de meus eleitores, 78 mil, que havia me levado para a Assembleia Legislativa. A maioria disse que era o que esperava de mim, que eu participasse da fundação do PT. José Genoino era então professor de um cursinho que havia participado da luta pela resistência à ditadura militar, inclusive da guerrilha do Araguaia. Também resolveu abraçar aqueles objetivos e princípios e passamos a conviver em muitos episódios. Eu também – mesmo nos anos em que fui parlamentar – era professor de economia na Escola de Administração de Empresas de São Paulo, da Fundação Getulio Vargas (FGV). Pessoalmente, sempre fui adepto das transformações na sociedade pelos métodos da não violência, discípulo de pessoas na História que assim se distinguiram, como Leon Tolstoi, Mahatma Gandhi e Martin Luther King Jr. Mas sempre soube respeitar os que, de alguma forma, avaliaram que era preciso a resistência armada diante do arbítrio e da repressão violenta. No PT, sou testemunha de como José Genoino e eu agimos em comunhão, pela não violência, para a melhoria de nossas instituições, como aconteceu, por exemplo no empenho que realizamos nas campanhas pelas Diretas Já, em 1983-84, e depois por Ética na Política, em 1992, com extraordinária mobilização do povo brasileiro nas praças públicas dos principais municípios.

José Genoino e eu muito nos empenhamos para que Lula viesse a ser eleito governador de São Paulo, em 1982, quando o vencedor foi André Franco Montoro. Nos anos 1983-86, José Genoino, Airton Soares, Irma Passoni, Djalma Bom, Luiz Dulci, Beth Mendes, José Eudes e eu constituímos a primeira bancada de deputados federais do PT. Sob a liderança de Airton Soares nos empenhamos muito na avaliação crítica dos rumos da política econômica do governo João Figueiredo, quando o crescimento era acompanhado de concentração da renda e da riqueza, ou de problemas que exigiram apuração em profundidade, como foi o Caso Coroa-Brastel, e pela eleição direta de nossos governantes e pelo fim dos senadores biônicos.

No ano de 1985, fui candidato pelo PT a prefeito de São Paulo, tendo como candidata a vice-prefeita a então deputada estadual Luiza Erundina. Tivemos uma campanha super animada, com crescente simpatia pelo PT, mas Jânio Quadros foi eleito, Fernando Henrique ficou em segundo, e eu, em terceiro. Genoino estava sempre junto nos palanques. Em 1986, Plínio de Arruda Sampaio, José Genoino e eu éramos pré-candidatos a governador de São Paulo pelo PT. Tivemos três debates com alto nível de respeito em Carapicuíba, Ribeirão Preto e no Centro de Convenções Rebouças, em São Paulo, totalmente lotado. Por volta de abril, tendo em vista pesquisa que me colocava em melhor situação, ambos abriram mão para que eu fosse o candidato. Orestes Quércia venceu, Antonio Ermírio foi o segundo, Paulo Maluf, o terceiro, e eu o quarto. Naquele ano aconteceram eventos que prejudicaram sobremodo o PT, como um assalto à agência do Banco do Brasil no campus da Universidade Federal da Bahia, em Salvador, e a morte de dois trabalhadores no conflito entre a polícia e trabalhadores rurais da cana-de-açúcar em Leme, São Paulo, quando o PT foi indevidamente acusado de ter contribuído com armas para aquele episódio. Só após a eleição, o diretor da Polícia Federal, Romeu Tuma, disse que a apuração dos fatos concluiu que o PT nada tinha a ver com o conflito.

José Genoino, eleito Constituinte em 1986, teve desempenho brilhante ao lado de Lula, Plínio de Arruda Sampaio e outros parlamentares. Eu voltei a lecionar em tempo integral na FGV. Em 1988, o PT me propôs ser candidato a vereador para ajudar a eleição vitoriosa de Luiza Erundina para prefeita de São Paulo e da bancada de vereadores do PT. Mais uma vez, estivemos juntos nos comícios. Tive 201 mil votos, por isso, fui eleito presidente da Câmara Municipal. Coloquei em prática a norma: a transparência em tempo real é a melhor maneira de prevenir irregularidades. Em 1990, o PT sugeriu que eu fosse candidato a senador. Plínio era o candidato a governador. Genoino a deputado federal. Percorremos juntos todo o Estado de São Paulo. Fui o primeiro senador eleito pelo PT. Genoino foi reeleito deputado federal e exerceu a liderança do PT em parte dos anos 1991-1994. Colaboramos juntos de forma intensa, por exemplo, na CPI para apurar os atos de PC Farias, da qual fui proponente do requerimento que a constituiu, junto com o deputado José Dirceu, e que levou à queda do presidente Fernando Collor de Melo, em dezembro de 1992, assim como na CPI do Orçamento, da qual fui proponente, junto com o senador Pedro Simon, em 1993, e que levou à cassação de seis deputados federais.

Continuamos a colaborar um com o outro e os demais membros do partido, de maneira que fomos reeleitos, eu, senador, e Genoino, deputado federal, em 1998. Éramos ambos membros da oposição ao governo Fernando Henrique Cardoso, nos anos 1995-2002, em geral com uma atitude de respeito e construção para com os membros do governo. Em 1991, o Senado aprovou, por consenso dos partidos, o Projeto de Garantia de Renda Mínima, através de um imposto de renda negativo, de minha autoria. Dos debates que surgiram a respeito veio a proposta para instituir as Garantias de Renda Mínima relacionada às oportunidades de educação, também denominados Bolsa Escola, mais tarde Bolsa Família. Em agosto de 1996, solicitei audiência ao presidente Fernando Henrique Cardoso, que recebeu o professor Philippe Van Parijs, fundador da Basic Income Earth Network (BIEN), o qual explicou que o objetivo maior era um dia chegarmos à Renda Básica de Cidadania Incondicional, mas começar relacionando a Garantia de Renda Mínima às oportunidades de educação era um bom começo, pois estaríamos relacionando-a ao investimento em capital humano. Fernando Henrique então deu o sinal verde para que o Congresso Nacional aprovasse a Lei que permitia à União à financiar os municípios que adotassem projetos naquela direção. José Genoino, por sua vez, era sempre muito ouvido pelos ministros e líderes do governo Fernando Henrique, em especial sobre temas sobre os quais dedicou grande atenção, como os relativos à Defesa Nacional.

Em agosto de 2000, o presidente do PT, deputado José Dirceu, convidou cinco pessoas do PT: o governador Tarso Genro, o senador Cristovam Buarque, os deputados Aloizio Mercadante e José Genoino e eu para um jantar em sua residência, com Luiz Inácio Lula da Silva. Lula nos disse que, àquela altura, ele, não havia decidido ser candidato à presidência da República pela quarta vez, nas eleições de 2002. Observou que se por acaso ele não fosse, ele e o partido consideravam que um de nós cinco poderíamos vir a ser e, assim, deveríamos nos preparar para essa eventualidade. Tarso, Cristovam, Aloizio e Genoino afirmaram que Lula deveria ser. Eu ponderei que a alternância de pessoas pode ser saudável.

No início de 2000, alguns amigos como João Batista Breda, Mauro Leonel, Aziz Ab' Saber me disseram que eu deveria considerar ser pré candidato a presidente. Algumas pessoas do PT passaram a comentar. Foi então que recebi a visita de Rui Falcão, que me recomendou não anunciar esta iniciativa antes das eleições para prefeito, em outubro de 2000, pois, como a Marta seria a candidata do PT, seria melhor só anunciar aquela disposição após o resultado das eleições. De outra forma, as pessoas que preferiam que Lula fosse o candidato pela quarta vez, possivelmente não fariam toda a força para que Marta fosse eleita. Achei de bom senso e aceitei a ponderação. Vitoriosa a Marta, após as eleições, dialoguei com ela a respeito alguns dias. Foi aí que resolvi visitar Lula em sua residência em São Bernardo, onde estavam presentes a Marisa e filhos. Disse a ele que estava considerando aceitar a sugestão de companheiros que avaliavam que eu deveria ser pré candidato. Mas se Lula considerasse que isso faria mal para ele ou para o partido, eu não seria. Lula então me disse: Eduardo, por tudo que você fez em sua vida e no PT, você tem todas as credenciais. Vá lá perante a direção e se inscreva. Assim, em dezembro de 2000, em reunião do Diretório Nacional, presidida pelo José Dirceu, ele perguntou aos membros se aceitavam que eu fosse pré candidato. Como a resposta foi positiva, por consenso, me inscrevi. Pouco depois, Lula decidiu também ser pré candidato. José Dirceu, embora favorável ao Lula, organizou a prévia com isenção. Informou que custaria R$ 500 mil ao PT. Tal como Lula, viajei um bocado pelos Estados divulgando minhas proposições, especialmente o projeto de lei para instituir a Renda Básica de Cidadania, a que dei entrada no Senado em dezembro de 2001. Aprofundando meus estudos sobre o tema, fiquei convencido de que a Renda Básica Incondicional para todos seria melhor do que a Renda Mínima através do Imposto de Renda Negativo, ou mesmo com as condicionalidades previstas no Bolsa Escola e no Bolsa Alimentação. Pela primeira vez na história dos partidos políticos no Brasil, em 17 de março de 2002, 182 mil filiados ao PT compareceram para votar na prévia. Lula teve 84,4% dos votos, eu, 15,6%. De pronto, afirmei que iria apoiar a eleição de Lula até o fechamento das urnas. Assim o fiz. Pois bem, Genoino acompanhou todos esses passos. Foram muitas as vezes em que participamos juntos de comícios no Estado de São Paulo, em que ele era candidato à reeleição como deputado federal, mas, por vezes, em outros Estados.

José Genoino pôde acompanhar o grande entusiasmo com que consegui fazer ser aprovada por todos os partidos, em dezembro de 2002, no Senado, em dezembro de 2003, na Câmara, e sancionada pelo presidente Lula em 08 de janeiro de 2004, a Lei 10.835/2004, que institui, por etapas, a critério do Poder Executivo, começando pelos mais necessitados, como o faz o Programa Bolsa Família, até que um dia todas as pessoas, não importa a sua origem, raça, sexo, idade, condição civil ou socioeconômica, venham a receber uma renda básica como um direito à cidadania, suficiente para atender suas necessidades vitais. Mais e mais, com o progresso do país, será direito de todos participarem da riqueza comum da nação. Houve memorável e bonita cerimônia no Palácio do Planalto, com a presença do professor Philippe Van Parijs, maior autoridade sobre o tema, um dos fundadores da BIEN. No dia seguinte, 09 de janeiro de 2004, o presidente Lula sancionou a Lei 10.836/2004, que institui o Programa Bolsa Família, que havia se iniciado em outubro de 2003, por medida provisória, mas que logo foi aprovada por todos os partidos no Congresso Nacional.

As apurações sobre tudo o que foi objeto de investigação com respeito ao Mensalão acabaram resultando na Ação Penal 470, a qual teve José Genoino como um dos denunciados. Neste livro, Miruna explica que seu pai é inocente, porque os empréstimos que assinou foram registrados na Justiça Eleitoral, já foram pagos pelo PT e aceitos pelo Tribunal Superior Eleitoral.

Quero aqui dar o meu testemunho de que durante todos estes anos em que convivi com José Genoino, seja durante o tempo que fomos juntos deputados federais, quando debatemos para ver quem seria o candidato a governador, ao tempo em que tanto colaboramos, ele como deputado federal, líder do PT na Câmara, e eu como senador, por vezes líder da bancada, nas reuniões da

Direção Nacional, como companheiros de trabalho nas CPIs, ou nos comícios e campanhas em que dedicamos toda nossa energia para o aperfeiçoamento do processo democrático e para a construção de um Brasil justo, nunca soube de qualquer palavra ou ação que pudesse significar uma ilicitude, muito menos qualquer ato de enriquecimento ilícito. Sou também testemunha de como Genoíno e sua família sempre tiveram uma vida modesta. Eis porque considero muito relevante a iniciativa de Miruna Genoino de escrever este depoimento tão bonito e sincero sobre as batalhas que seu pai travou e o verdadeiro calvário porque passou.

Miruna conta como desde os 14 anos seu pai se empenhou para estudar e encontrar o caminho para construir um Brasil mais igual, com liberdade, nunca para enriquecer. Ressalta como ele enfrentou as eleições para governador de São Paulo, em 2002, quando Lula foi eleito presidente pela primeira vez, mas seu pai havia perdido. "Ele nunca baixou a cabeça e sempre soube que não importava que ele, individualmente, tivesse perdido uma eleição, o que importava era algo maior, o seu partido, a sua luta, a sua causa." Houve momentos, em 2005, que seu coração ficou em frangalhos pelos danos que aquele escândalo pudesse causar ao governo ou ao PT, e "por perceber que o que o meu pai mais lutou, a vida inteira, para defender, está sendo desconsiderado. Meu pai sempre lutou pela verdade, pela transparência em suas ações e pelo confronto político ao adversário, mas sempre uma disputa limpa, de ideais, e não de aproveitamento de mentiras". Mesmo nessas situações adversas, Genoino foi sempre um pai carinhoso. "Nosso pequeno ritual [...] sobrevive: ele me leva suco de limão na cama e eu compro para ele um dos seus doces preferidos, uma simples e verdadeira queijadinha."

Genoino deu a maior força para sua filha quando ela resolveu se casar com o espanhol Miguel e seguir para Sevilha; "Mimi, você está seguindo com a sua vida, está lutando por sua felicidade, e isso é a maior alegria que você poderia me dar neste momento".

Quando Genoino foi condenado no STF, ele disse à sua família: "Eu não me arrependo de nada e não vou baixar a cabeça.

Eles vão tentar me humilhar, mas não vou deixar que me humilhem. A única coisa que peço a vocês é que também não tenham vergonha de mim, porque assim estaremos juntos... Se a vida de vocês seguir, eu serei feliz".

Em 9 de outubro de 2012, Miruna escreveu uma carta tão comovente que resolvi lê-la na tribuna do Senado, o que teve forte repercussão. Recebi mensagens de todo o Brasil me cumprimentando, ao lado de poucas pessoas que criticaram. Num trecho, ela disse: "Hoje, nesse dia tão triste, pode parecer que ganharam, que seus objetivos foram alcançados. Mas ao encontrar-me com meu pai e sua disposição para lutar e se defender, vejo que apenas deram forças para que esse Genoino homem possa continuar sua história de garra, honestidade e defesa daquilo que sempre acreditou."

No dia 9 de dezembro de 2012, o STF condenou Genoino. Para diversos especialistas, a condução do processo pelo então ministro Joaquim Barbosa, presidente do Tribunal e relator do processo, levou os réus à condenação sem provas e representou uma ameaça aos direitos fundamentais inscritos na Constituição, como o direito à ampla defesa e o princípio segundo o qual o ônus da prova cabe à acusação. O ministro Ricardo Lewandowski, que votou pela absolvição, ressaltou: "Genoino está sendo denunciado e será eventualmente condenado pelo simples e objetivo fato de ter sido presidente do partido dos trabalhadores à época (dos fatos)". Genuíno começou a cumprir pena em 15.11.2013. Em 20.01.2014, após a arrecadação de amigos e parentes, ele pagou a multa referente a condenação. Em 07.08.2014, obteve do STF a progressão de regime semiaberto para aberto. Em 04.03.2015, por decisão unânime, o STF extinguiu a punibilidade de José Genoino, com base no Decreto 8.320/2014, pelo qual o Poder Executivo concedeu indulto natalino e comutação de pena a condenados. O ministro relator Luís Roberto Barroso submeteu o seu parecer ao plenário do STF, que o aprovou por unanimidade.

Houve momentos em que o sofrimento imposto a Genoino levou-o a ter grave problema de coração. Precisou ficar muitos dias na UTI e esteve próximo de perder a sua vida. O amor de Rioco,

Miruna e Juan Miguel, Ronan, Mariana, dos netos Paulinha e Luismi certamente transmitiram a José Genoino forças para ele se restabelecer e poder ainda dar muito ao Brasil e, como muito sempre desejou, melhorar a vida de nosso povo. Presentemente, José Genoino se encontra em sua casa, em São Paulo, com a sua família.

Recomendo a todas as pessoas que leiam este tão belo livro, todas as cartas de Miruna e o posfácio de seu pai.

Eduardo Matarazzo Suplicy
São Paulo, 29 de novembro de 2016.

Parte I

O começo de tudo

Durante o processo de inquisição, julgamento injusto e condenação revoltante sobre meu pai, ouvi muitas perguntas dos amigos, familiares e conhecidos. "Como ele está?" foi uma das mais ouvidas, junto com "Como vocês estão?", "Como fazem para aguentar?", "Quando isso tudo vai acabar?", entre outras. O que poucas vezes me perguntaram foi: "Quando isso tudo começou?". Porque parece que todo mundo sabe quando começou, ou pelo menos sabia, e depois de quase dez anos ninguém mais se pergunta como essa história começou... Porque essa história parece que já está escrita e pronto, não há nada mais que mude isso.

Realmente, a história já está escrita. Meu pai tinha uma trajetória brilhante, iluminada, cheia de reconhecimentos e vitórias, e de repente virou um condenado, um político sem princípios, alguém relacionado ao dinheiro e não à luta por igualdade e justiça. Mas a história que parecia escrita precisa ser recontada, revista por outra perspectiva, contada de outra forma.

O que eu gostaria é que as pessoas que se atreverem a ler este livro, procurem encontrar a verdade e desvendar a mentira em tudo o que foi dito sobre José Genoino. Que tentem voltar no tempo e lembrar do que foi dito, e observem que o contado foi bem diferente do que realmente aconteceu. Peço isso não só para que nos ajudem em nossa luta maior – de provar a inocência do meu pai, de José Genoino –, mas para que da próxima vez que uma capa de revista tentar destruir a reputação de alguém, possamos olhar com opinião própria a partir de informação verdadeira, e não com generalização.

Nessa história, não vou falar de dados e informações. Não vou ficar explicando que meu pai é inocente, porque os empréstimos que ele assinou foram registrados na Justiça Eleitoral e já foram pagos pelo PT e aceitos pelo Tribunal Superior Eleitoral. Isso foi relatado e é verdade. Não vou dizer que não existiam provas que o condenassem. E vou tentar não ficar aqui soando como uma magoada, repetindo que o acontecido foi um tribunal de exceção. Existem outros textos, sites, blogs e livros (inseridos nos anexos deste livro), que podem ajudar aos que desejam compreender a inocência de José Genoino e a farsa da Ação Penal 470. Não pretendo falar de tudo, porque quero contar a verdade desde dentro, desde quem viveu cada momento, desde quem cresceu sendo criada por um pai exemplar, que se tornou um avô iluminado e que jamais roubou nada de ninguém, nem deixou de seguir os princípios de justiça e igualdade que sempre o guiaram.

Alguns poderão dizer: o que importa se ele foi honesto, se depois se desviou no caminho? Importa muito. Porque ele nunca se desviou do caminho. Se ele lutou para sair de onde nasceu, se lutou com a própria vida para buscar a democracia e a liberdade, não foi para ganhar dinheiro. Não foi para enriquecer. Foi por algo maior, muito maior. Foi para lutar por um país melhor e mais justo. Pode parecer um chavão, porque muita gente tornou isso um chavão, mas cresci vendo meu pai tornar este suposto chavão uma questão de princípios essenciais e inegociáveis, de escolhas em que o que deve prevalecer é a luta, e não o individual.

Como muitos sabem, meu pai nasceu no sertão de Quixeramobim, no Ceará, em um povoado conhecido como Encantado. Morava em uma casa muito pobre com seus 11 irmãos e os pais, camponeses que batalhavam com a seca e a pobreza para levar a família adiante. Meus avós, Maria Lais Nobre Guimarães e Sebastião Genuino Guimarães, continuam morando na mesma casa, mas em condições muito diferentes, com água corrente, luz, telefone. Mas na mesma casa, no mesmo sertão. Nós não vamos lá com a frequência que eu gostaria, mas nas vezes em que estive lá, lembrava de percorrer com muita atenção os 14 km que separavam a casa dos meus avós do povoado Encantado... Na última visita que fizemos, em dezembro de 2011, mostrei esses mesmos quilômetros para meus filhos pequenos: "Prestem muita atenção neste caminho. Tudo isso que a gente vai fazer de carro, o vovô fazia andando, todos os dias, para ir à escola. Todos os dias. Não porque era obrigado, mas porque queria, desejava estudar".

Eu vejo esse caminho que mostrei aos meus filhos, e que minha mãe mostrou para mim e meu irmão um dia, como um caminho que é a prova mais simples e verdadeira de quem é meu pai. Um guerreiro, forte, perseverante, que começou com 14 anos lutando para estudar, andando o que tivesse que andar, mesmo com fome, mesmo com sede, porque sabia que lá estava seu caminho para aprender, lutar, sair da condição em que estava. Naquele caminho, começou a luta de meu pai, um caminho que foi trilhado para abrir outros caminhos de igualdade e liberdade, mas nunca, jamais, de dinheiro.

Pois bem, minha missão aqui vai ser relatar como um homem e sua família viveram um calvário que já dura dez anos, e de como tentamos manter o que ele sempre pediu: NUNCA abaixar a cabeça. NUNCA se envergonhar. SEMPRE seguir em frente. Vou contar aqui como foi esse seguir em frente, recontando passo a passo como as coisas aconteceram, e como existe, sim, um começo para tudo isso que hoje parece que está determinado.

Quando isso tudo começou?

É verdade que poucas vezes me fizeram a pergunta sobre quando isso tudo começou. Mas ela é importante, porque nos ajuda a entender de onde veio tudo isso, e como a família tem forças para estar ao lado dele, sempre.

Tudo começou em um sofá, dentro de um sobrado, no bairro do Butantã, na cidade de São Paulo.

Era dezembro de 2002. O Brasil vivia um momento de euforia pela vitória de Luiz Inácio Lula da Silva para a presidência da República.

Finalmente, parecia que algo mudaria, depois de tantos anos, conseguimos colocar Lula no comando de nosso país. Dentro de nossa casa vivíamos um momento agridoce, pois meu pai tinha acabado de perder o segundo turno das eleições para o governo do Estado de São Paulo. Tinha sido uma campanha intensa, linda, na qual pela primeira vez o Partido dos Trabalhadores (PT) disputou o 2º turno derrotando justamente Paulo Maluf. Meu pai viveu cada dia daquela campanha com um amor e uma garra que, infelizmente, nunca mais voltei a ver em sua vida. Sabíamos que era difícil derrotar o PSDB, mas, mesmo assim, era penoso assimilar o que aconteceria... Meu pai agora não era mais deputado federal, depois de 20 anos, e não sabíamos que rumo ele tomaria.

Lembro muito bem que logo depois que Genoino perdeu essa eleição, nós fomos para Ubatuba, onde uma tia, irmã de minha mãe, tem uma casa. Ficamos juntos e foram dias difíceis, em que meu pai colocou para fora suas dúvidas, seus receios, e também, claro, sua tristeza por ter visto o seu projeto ser derrotado. Era a primeira vez que perdia uma eleição, com a incerteza de tudo isso ainda era algo que se apalpava no ar... Lembro de suas caminhadas solitárias pela praia, seu jeito quieto de deitar na rede, e o jeito como eu, minha mãe e meu irmão tentávamos estar juntos, mas respeitando o que ele estava vivendo.

E então, depois de um tempo, veio o sofá.

Não lembro o dia exato em que aconteceu. Era noite, eu tinha acabado de chegar do trabalho e meu pai e minha mãe chamaram a mim e meu irmão e disseram que tinham algo que precisavam conversar conosco. Meu pai estava sério, mas o olho já sorria um pouco, algo de sua tristeza havia passado. Ele respirou fundo, começou com seu jeito inconfundível de falar, mexendo as mãos e nos disse: "Vou ser presidente do PT".

Ficamos um pouco quietos, porque secretamente alimentávamos a esperança de que fosse convidado a assumir como ministro da Defesa do governo Lula, seu grande sonho, área na qual se especializou, e onde sabíamos que poderia contribuir muito. Ele pareceu ter adivinhado o que estávamos pensando, porque disse: "O Lula conversou comigo. Explicou o quanto será desafiador começar esse novo governo, e a gente não tem margem para errar. Tem que dar certo, tem que dar certo. A gente lutou por isso, não foi Baixinha?" - esse é o jeito que ele fala com a minha mãe, Rioko, que como meu pai também lutou pelo final da ditadura militar dos anos 1960.

"O Lula conversou comigo e disse que precisa de alguém forte para ficar na presidência do PT, ele pediu e eu tenho que aeitar. Eu vou aceitar. E eu queria que vocês soubessem disso e me ajudassem."

Voltei muitas vezes àquele sofá. Claro que nunca poderia ter feito ou falado algo que pudesse mudar a decisão que ele tomou, mas, ainda assim, fico me pegando ao pensamento de quanto teria sido bom se pudéssemos ser capazes de mudar aquela decisão e dizer: "Não. Não seja! Você quer ser ministro da Defesa! Você se preparou tanto! Não seja presidente do PT!". Quantas vezes penso naquele sofá, lembrando daquele momento... Um momento no qual tudo ficou decidido, no qual tudo mudou e onde tudo começou.

Se meu pai não tivesse sido presidente do PT, hoje não seria um homem condenado. Sua história seria outra, bem diferente da que está sendo escrita agora. Mas se ele não tivesse presidido o PT, não teria ajudado como ajudou aquele começo tão desafiador do governo Lula, e sei que isso o conforta. "Eu ajudei, fiz parte daquela vitória, dei a minha contribuição", é isso que lhe ocupa a mente inquieta.

Não temos ressentimento do Lula por aquele pedido, é claro que não. Ele sempre demonstrou ser um fiel parceiro de meu pai e de minha família, nunca nos deixou sós. Sempre esteve por perto quando precisamos. Sempre conseguiu mostrar que estava ao nosso lado e que nos defenderia.

Mas, enfim, foi lá no sofá que tudo começou...

Depois daquele momento, nós seguimos nossas vidas, meu pai com seu novo desafio, e nós com nossos caminhos próprios...

Fui morar na Espanha no ano seguinte (2003) por recomendação de minha mãe, que me considerava muito nova para tanta responsabilidade - eu já dava aula em uma escola particular de prestígio em São Paulo desde os 20 anos, e já começava a assumir ações de formação de professores. A mãe dizia que eu precisava conhecer o mundo, ver outras coisas, se libertar. E que deveria conhecer a Andaluzia, no sul da Espanha, terra do seu amado escritor Federico Garcia Lorca.

Embarquei naquela viagem que mudou a minha vida para sempre, fui viver bem longe fisicamente do novo caminho que meu pai trilhava. Fui acompanhando como pude as vicissitudes do começo do governo popular, mas me envolvi em minha própria jornada, focada no encontro com aquele que seria o amor da minha vida, meu hoje marido Juan Miguel. Confesso que não estive perto do meu pai para saber os caminhos árduos que ele teve de trilhar como presidente do PT.

Em 2004, voltei ao Brasil e vim morar com meus pais. Nossa vida caminhava como sempre, ele com suas lutas políticas e nós com nossos desafios pessoais e profissionais.

2005.
O começo de muitas outras coisas também

Foi em 2005 que surgiu a delação de Roberto Jefferson (PTB) e tudo começou a ruir. É curioso como lembro detalhes de tantos momentos deste nosso processo, mas não consigo lembrar do dia exato no qual apareceram aquelas declarações falsas... Só sei que quando levantei meus olhos, existia uma maré de gente da imprensa construindo a ideia de um José Genoino que tomou caminhos escusos e que tinha cometido erros graves, ilegais. Foi quando tudo parou para mim.

Lembro-me perfeitamente de estar sozinha no meu quarto e pensar que não era possível que aquilo estivesse acontecendo. Lembro de voltar aos 14 km da estrada de meu pai, das suas lutas, de seus princípios inquebrantáveis, de todas as lições de moral e de ética que ele me deu na vida, de toda sua negação e sua repulsa ao luxo e ganâncias pessoais, e pensei que não era possível, que tudo ia ficar bem.

Mas não ficou. E o que era pior, a imprensa - , a mesma imprensa que se relacionou tão bem com meu pai - alimentava um dia após o outro um emaranhado de mentiras e manipulações que pareciam não ter fim. No começo, meu pai tentou manter o diálogo, parecia que ele não queria acreditar que essa imprensa que ele lutou tanto para que fosse livre, estava tão empenhada em mentir para destruí-lo, e, por isso, quando percebeu, o golpe foi duro demais.

Meu pai deixou de viver momentos importantíssimos de nossa vida familiar para atender a imprensa. Adiou jantares conosco. Faltou a festas. Adiou viagens de final de ano. Tudo para atender a imprensa. "É importante divulgar o que pensamos, Mimi, não podemos perder o pouco espaço que nos dão."

Quando ele precisava de um espaço verdadeiro, não recebeu. Foi em meio a tudo isso que, em um ato de desespero, procurei a escrita para me salvar. O que me motivou a escrever aquele primeiro texto foi uma necessidade orgânica, desesperada, vital, de dizer a nossa verdade aos nossos amigos, amigas e familiares. Eu precisava contar a todas as pessoas que estiveram conosco naqueles anos, que fizeram campanha pelo meu pai, divulgaram seu nome, acreditaram em sua luta e nos conheciam, que José Genoino era o mesmo no qual confiavam. Um homem honesto e íntegro até o último fio de cabelo. Eu estava tão desesperada com tudo, mas naquele momento só queria que as pessoas que eu amava, que eram parte de nosso círculo de relações pessoais, acreditassem em nós. Que não deixassem se influenciar e estivessem conosco.

E então eu escrevi. Esse texto foi mandado por e-mails aos meus amigos mais próximos e a todos os nossos familiares dia 15 de junho de 2005:

Esta mensagem com anexo vai aos meus verdadeiros amigos. Pessoas que eu amo e que acho que se importam o suficiente comigo e com minha família para lerem o que acabo de escrever. É um desabafo. Um desabafo que faço desde uma vida familiar que está sofrendo por tanta mentira e injustiça... Atualmente, nossas noites são confusas, meu pai acorda meia-noite pra comprar cigarro, todos nós acordamos, ele vai telefonar e pela noite cada um dorme do jeito que dá. A imprensa liga, não acredita no que a gente fala e os jornais só trazem mais angústia.

Mas estamos unidos. Estamos tentando ficar fortes. Mas acho que é preciso saber a hora em que precisamos pedir ajuda e, para mim, essa hora chegou.

Esta mensagem e as palavras no texto do anexo que escrevi, minha mãe pediu que eu mandasse também para algumas pessoas que ela considera muito, porque essa minha baixinha é osso duro de roer, segura tudo e todas, dá força para o meu pai, mas precisa receber forças também.

Aqueles que lerem, eu agradeço, significa muito para mim, para meu pai, minha mãe e meu irmão.

Um beijo muito, muito forte,

15 de junho de 2005

Suco de limão e queijadinha

A política sempre fez parte da minha vida. Meus pais se conheceram no movimento estudantil. Meu pai se elegeu deputado pela primeira vez quando eu tinha um ano, e minha mãe desde sempre fez campanha pintando muro e imprimindo camisetas em casa. Eu cresci assim. Cresci sabendo que não era o mesmo ser filha de um pai que trabalha em escritório, empresa, consultório, do que um pai que trabalha na Câmara, nos debates, na vida pública... Cresci sabendo que precisava entender a ausência dele na minha formatura da 4ª série, em aniversários, datas importantes e viagens. Sabendo que às vezes, com malas prontas para ir, era preciso adiar os nossos planos, pois havia estourado mais um escândalo na política brasileira.

Mas em todos esses momentos, principalmente naqueles em que doía fundo no coração não ter aquela pessoa que você ama, eu pensava que valia a pena, porque a causa dele era justa. Nos dias mais difíceis e solitários, minha mãe nos contava da luta que ele e ela tinham vencido para sobreviver aos anos de chumbo e de como tinha sido uma conquista ganhar aquela primeira eleição, que ele lutava pelo bem maior, social, e que realmente meu pai acreditava que podia fazer da vida das pessoas uma vida mais humana e justa.

Todos estes 23 anos de luta política de meu pai na vida pública foram momentos de esperança, luta e muita coragem. Ele nunca baixou a cabeça e sempre soube que não importava que ele, individualmente, tivesse perdido uma eleição, o que importava era algo maior, o seu partido, a sua luta, a sua causa. Meu pai nunca se preocupou muito com a figura individual dele e, sim, sempre com o que ela representava em termos de defesa de seus ideais. Ao longo de todo esse tempo, o que sempre aprendemos foi a confiar muito nele, a saber que acima de qualquer coisa ele SEMPRE DISSE, DIZ E DIRÁ A VERDADE.

Hoje, meu coração está em frangalhos com o que está acontecendo. Não só pela questão política em si, pelos danos que esse escândalo possa causar ao governo ou ao PT, mas por perceber que o que meu pai mais lutou, a vida inteira, para defender, pode estar sendo desconsiderado. Meu pai sempre lutou pela verdade, pela transparência em suas ações e pelo confronto POLÍTICO ao adversário, mas sempre numa disputa limpa, de ideais, e não de aproveitamento de mentiras.

E mesmo com tudo o que está acontecendo, ele está forte! Chega em casa e ainda consegue se lembrar de nossos pequenos rituais! Eu, no entanto, apesar de saber que ele me acha super parecida com ele, me sinto uma covarde! Me sinto assim porque choro, choro e sofro em ver o que está acontecendo e porque, de alguma forma, parece que cheguei ao limite de minhas forças: quem é que aprende a lidar com a fato de ter de abrir os jornais e ler informações falsas e acusações imorais feitas contra seu próprio pai? Eu confesso, pior que minha mãe e meu irmão, não aprendi.

Choro e sofro porque sim, ele é o político Genoino, mas ele é o meu pai. Ele é o que cuidou de mim quando minha mãe não pôde, que me deu banho e trocou fralda (com toda boa intenção do mundo, mesmo com o risco de, como fez uma vez, colocar a fralda ao contrário) e esteve do meu lado quando quebrei o braço. Foi ele que me disse que eu tinha que cursar Pedagogia. Foi ele que me colocou na Escola da Vila e que amava tanto aquela escola que quase chorou de emoção quando eu virei professora lá. Foi ele que ajudou a mim e ao meu irmão quando Luba[1] e Janjão[2] morreram, não deixando nunca que a gente se sentisse só e sem esperança. Ele foi um paizão, sim, sempre em meio a política, eleições, discussões, mas meu pai. Alguém que sempre fez coisas grandiosas por mim, como segurar minha mão até eu entrar no centro cirúrgico, até coisas simples, como ir comprar xampu comigo na lojinha do bairro num sábado de manhã. E que agora está sendo injustiçado.

Este é um desabafo, porque eu realmente não consigo mais lidar com isso sozinha. Não quero um apoio político, quero um apoio de carinho. Sentir que minha família e eu não estamos sozinhos, não só pelos ideais da causa que meu pai defende, representa e lutará, mas porque temos pessoas com quem dividir esses momentos difíceis. Resolvi escrever essas palavras para ver se, com elas, resgato o sentimento gostoso, presente em pequenas sutilezas da relação entre um pai e uma filha.

Nosso pequeno ritual, mesmo nessas situações adversas, sobrevive: ele me leva suco de limão na cama e eu compro pra ele um dos seus doces preferidos, uma simples e verdadeira queijadinha.
Miruna

Quando escrevi aquelas palavras, há 10 anos, o e-mail era um meio de comunicação bastante difundido, mas totalmente vinculado a uma máquina, um computador ou notebook, e não a um celular, como acontece hoje. Assim, muitas pessoas viam o e-mail apenas à noite, ou de dois em dois dias, ou mesmo no final de semana... Isso tudo para dizer que, apesar do acesso mais restrito do que hoje, quando um e-mail é visto quase instantaneamente, as respostas foram muito rápidas.

E foram incríveis.

Cada vez que um e-mail chegava, eu lia palavras que deixavam meu coração mais leve, menos solitário e com um pouco de esperança. Recebi e-mails que falavam da defesa incondicional da história de meu pai, da negação de se deixar levar pela corrente

---

1. Luba foi um grande amigo do meu irmão Ronan, que faleceu aos 16 anos em 2001.
2. Janjão foi meu melhor amigo da faculdade de Pedagogia e faleceu em 2002..

criada pela mídia, da parceria conosco, até da compreensão sobre o porquê tudo aquilo estava acontecendo. Mas também recebi e-mails em que as pessoas contavam sobre seus próprios sofrimentos, muitos relacionados aos seus pais também, mostrando que para além de qualquer análise política, também entendiam meu sofrimento de filha, meu sofrimento pessoal, a necessidade do apoio... Cada uma dessas mensagens criou o começo de uma rede pessoal de amigos, amigas e familiares que se mantiveram firmes ao nosso lado, e que nos sustentaram durante todos esses anos.

O que eu não esperava era que a minha carta iria para além dos leitores que conhecia, e começasse a chegar a pessoas que não me conheciam diretamente, mas que se sentiam tocadas por minhas palavras. Fui recebendo mensagens de pessoas anônimas que mostravam sua solidariedade, compreensão, força e vontade de fazer chegar algo bom até mim, até nós, e com isso, até meu pai, uma palavra de apoio e de carinho.

Esta carta foi o primeiro momento de um longo caminho que nem imaginaria percorrer, de buscar consolo, desabafo e verdade, escrevendo sobre a nossa real situação. E foi uma primeira situação em que meu pai percebia duas linhas bem distintas de sua vida se cruzarem de forma definitiva: sua vida pessoal e sua vida política. Foi o começo em que por alguns momentos, ele estava mais perto de nós, e às vezes estava mais com a política, onde tudo começou a se misturar porque os ataques ficavam cada vez mais focados nele, mostravam que apenas com o coletivo não seria possível seguir em frente. Ele foi percebendo que seria preciso enfrentar junto conosco, com sua família, com a nossa rede.

Tenho que confessar que depois do "Suco de limão e queijadinha", como ficou conhecido meu texto, brotou em mim uma esperança de que algo poderia ser diferente. De que era possível chegar a um caminho que mostrasse uma verdade diferente daquela projetada pela mídia. Que pena que me enganei.

Paralelamente a isso, eu seguia com meu caminho particular relacionado à Espanha, pois ali havia deixado para trás um grande amor, meu Juan Miguel. Buscando saber que rumo daríamos às nossas vidas, marquei para ir vê-lo em julho de 2005, sem saber que, justo no dia em que embarcaria para Sevilha, seria publicada a revista Veja com uma foto de uma assinatura de meu pai que, supostamente, o comprometeria. Lembro perfeitamente de que meu irmão deixou meu pai na sede do PT e que lá mesmo nos despedimos, com um mar de imprensa ao fundo olhando e vindo atrás dele... Foi uma despedida rápida, mas quase eterna, pois aquele pai do qual me despedia, forte, firme, demoraria muito para me encontrar novamente... Foi a última vez que o vi com um lugar importante dentro da política.

No dia 09 de julho de 2005, eu e o Miguel viajamos para Granada e foi curioso porque quando entramos em uma igreja que iríamos visitar, começou a tocar uma música marcante para mim e meu pai: a trilha sonora do filme "1492", de Vangelis. Na hora, pensei em meu pai e percebi que alguma coisa estava acontecendo, mas não tive coragem de saber naquele momento o que era. Iríamos visitar Alhambra, um dos monumentos mais importantes da Andaluzia, mal sabendo que dentro de um pátio iluminado eu receberia o pedido de casamento feito pelo meu Juan Miguel, e que não podia receber outra resposta que não um sim.

Quando voltamos para a cidade, finalmente tomei coragem e liguei para casa. Fui informada pela minha mãe de que meu pai tinha deixado a presidência do PT por conta dos escândalos. Meu pai falou pouco comigo, e não queria falar nada de si mesmo, apenas queria saber se eu estava bem. Perguntou muito do Miguel e parecia quase já saber que algo grande estava acontecendo comigo, ainda que eu tivesse optado por não falar nada.

Aquele meu mês em Sevilha me preservou de muita coisa... Não vi nada sobre o escândalo que atingiu meu tio Guimarães e que acabou respingando sem razão em meu pai, não vi as piadas que vieram em decorrência disso, e não vi a tristeza e a apatia na qual meu pai se afundava cada vez mais. Quando voltei para casa, no final de julho, meu pai me recebeu de moletom surrado na porta de casa e com um olhar cansado, apenas mostrando um resquício daquele mesmo pai que tinha se despedido de mim tão pouco tempo antes. Ele parecia feliz em me ver. Mas não parecia aliviado de saber que eu estava protegida de muita maldade produzida contra ele naquele tempo em que estive fora.

Apesar da triste situação de meu pai, tive de contar que eu e o Miguel tínhamos decidido nos casar e que iríamos morar em Sevilha. Minha mãe e meu irmão Nanan choraram e ficaram muito aflitos com uma separação definitiva, mas meu pai, não. Sentiu uma energia paterna muito intensa e desde o momento em que anunciei meu caminho espanhol, pareceu concentrar tudo o que tinha lhe restado de esperança e colocou em meu casamento.

Não se mostrou angustiado uma vez sequer com a minha partida, e como jamais questionei o amor incondicional que ele sente por mim, eu sabia que não era por pouco amor, ou por não se importar, mas por uma alegria que ele sentia de saber que a sua vida estava ruindo, mas a minha estava seguindo em frente. Uma vez perguntei a ele sobre isso, sobre sua serenidade com a minha partida e ele disse:

"Mimi, você está seguindo com a sua vida, está lutando por sua felicidade, e isso é a maior alegria que você poderia me dar nesse momento. Você está indo em busca de si mesma"

Longe dos olhos

Eu me casei com Miguel em março de 2006, em Sevilha, no sul da Espanha. Meus pais foram para lá graças à economia feita por minha mãe, reunida a partir de justa indenização que recebeu pelas suas prisões na época da ditadura que se abateu sobre o país (1964-1965). Ainda assim, chegaram a noticiar que meu pai tinha viajado para meu casamento por conta do favor de não sei quem... A notícia nem avançou, afinal, ele já estava destruído na época, acho que sabiam que não precisavam fazer mais nada para piorar a situação.

Meu pai chegou muito triste e abatido e por força de meus apelos - e às vezes, até bravezas -, acabou conseguindo se desligar um pouco de sua situação e conseguiu viver o meu casamento. Entrou comigo na igreja, participou da festa e se despediu de mim com a mesma paz com a qual enfrentou todo este meu processo de mudança de país.

Dali em diante começou uma etapa muito particular da minha relação com meu pai, em que a distância física era enorme, a comunicação ainda escassa (era o começo do uso mais intenso do Skype), mas a sintonia se mantinha a mesma.

Muita gente acreditou que decidi ir morar em Sevilha justamente para fugir de tudo o que estava acontecendo com meu pai no Brasil e claro, a minha "fuga" parecia ter vindo com um timing perfeito demais, afinal de contas, seis meses depois que tudo aconteceu com ele, eu estava do outro lado do oceano, bem longe da mídia, das suas mentiras e de um pai triste e calado, que parecia apenas ver a vida passar. Mas quem me conhece sabe que isso não é verdade, que eu não teria tido medo de ficar ao lado do meu pai e da minha família se esse tivesse sido meu caminho... Se fui embora, foi por um amor profundo por uma pessoa que seria o grande suporte para que eu não desmoronasse também.

Já me peguei muitas vezes pensando em como teria sido tudo, desde aquele começo, em 2005, até agora, se eu não tivesse tido o Miguel ao meu lado, e a verdade é que não consigo nem vislumbrar o que teria sido, porque simplesmente eu seria outra Miruna. Foi ele quem me fez seguir um caminho próprio, sem esperar por outros caminhos, me deu coragem para me afastar quando a vida me pedia isso e encarar a necessidade que sentia de viver meu amor, ainda que isso me levasse para longe. E depois, foi ele quem não deixou me destruir, quando tudo ficou pior.

Durante o tempo em que moramos na Espanha, vivi grandes alegrias com o nascimento dos meus dois filhos, Paula e Luis Miguel, enquanto via de longe, mas sempre presente, as idas e vindas na vida da minha família. Em 2006, meu pai fez campanha para deputado e apesar de toda manipulação da mídia, conseguiu se eleger. Devido ao fuso horário, tive que ficar acordada até de madrugada, com oito meses de gravidez da Paulinha, esperando por notícias vindas do Brasil, saber se ele tinha conseguido... Foi a primeira vez, em 25 anos, que eu deixava de votar e fazer campanha direta para meu pai. E a alegria de saber que ainda existiam pessoas que confiavam nele, certamente foi um bálsamo que nos sustentou durante muito tempo.

Nesta mesma eleição de 2006, quando o Lula batalhava para se reeleger, indo para um segundo turno muito difícil, prometi que se ele vencesse e eu tivesse um segundo filho, ele se chamaria Luiz. Consegui cumprir minhas palavras, ainda que por ter nascido na Espanha meu filhote tenha adotado o Luis com uma grafia diferente... Eu escrevi um texto para o Lula contando sobre essa promessa e esse nascimento, em uma carta que dizia:

Meu querido presidente Lula,

Não sei ao certo quando conseguirá ler esta carta, mas escrevo com a esperança de que a história que vou contar, possa um dia chegar até você levando toda a beleza que carrega consigo.

Como deve saber, no mesmo ano em que meu pai sofreu seu grande drama político, no ano de 2005, eu e meu namorado espanhol decidimos nos casar e morar em Sevilha, Espanha. Foi uma decisão dura, difícil, ainda mais quando vi que teria de comunicá-la justo no momento em que meu pai, tão querido e tão amado, tinha perdido tudo e se encontrava sem rumo. Surpreendentemente, foi ele a pessoa que mais me ajudou. Não fraquejou em nenhum momento, conseguiu mostrar-se feliz por me ver em busca de minha felicidade e, enquanto minha mãe e meu irmão choravam pela minha partida, ele dizia: "Vou sofrer, mas sei que você vai ser feliz. Um dia também deixei tudo e saí de casa e sei como é quando o destino coloca a gente diante de uma coisa assim". E aí esteve ele, meu "Genoino" pai, ajudando-me e apoiando-me em tudo, justo quando ele passava pelo momento mais difícil de sua carreira política.

Foram meses de muitas emoções; por um lado, a alegria de realizar meu grande sonho, casar com um grande amor, e por outro, o medo, a tristeza e muitas vezes a culpa, de deixar minha família em um momento tão delicado. Mas meu pai sempre esteve aí, conseguiu fazer que minha mãe e meu irmão embarcassem comigo na minha decisão, conseguiu sempre trazer palavras positivas e esteve comigo, fisicamente, mais do que nenhuma vez em nossa vida de pai e filha. Lula, você bem sabe, meu pai se fechou para o mundo, desiludido com a política, com os jornalistas, com a vida. Mas nunca se fechou para nós, para sua família. Nesta época, passamos muitos momentos duros, dificuldades financeiras, escárnio público (quando o programa "Pânico" fez seu show na porta de minha casa), meu pai só queria estar em casa, mas soubemos vencer as dificuldades, minha mãe dizia que meu casamento até ajudou, porque levou a mente de todos nós para algo bonito. E naquela época, foi uma das únicas coisas que fazia meu pai reagir e tomar providências, como quando mesmo sem nunca sair de casa, se dispôs a ir comigo no Consulado da Espanha, às seis da manhã, para esperar comigo na fila do visto.

Em janeiro de 2006, deixei o meu, o seu, o nosso Brasil. Foi duro, mas, de certa forma, bonito, porque eu estava deixando tudo, trabalho, família e amigos, por um grande amor, aquele amor que a gente só encontra uma vez na vida. Em março deste mesmo ano casei-me aqui na Espanha e, felizmente, meus pais vieram para cá e meu pai me deu seu grande presente, entrar comigo na igreja, até o altar. Vivemos momentos bonitos, mas meu pai, naquele instante, ainda não estava totalmente bem, porque estava meditando sobre se voltava ou não ao panorama político, por meio de uma candidatura a deputado federal. No fim, quase na mesma época em que descobri que estava grávida, outro grande sonho que eu levava em meu coração, meu pai decidiu que tentaria sua candidatura.

Eu, que sempre vivi todas as eleições pintada dos pés à cabeça com estrelas do PT e fotos dos candidatos, desta vez passei por todo este processo à distância, sem poder ajudar, apenas apoiando e acompanhando. Sofria nem tanto por não poder votar, já que depois do que aconteceu com meu pai eu tinha decidido que só votaria de novo nele e em você, Lula, tal era minha desilusão, mas sofri em ter que acompanhar tudo de longe, sem estar lá para apoiar minha família. Meus pais me contavam da expectativa, da possibilidade de uma vitória sua no primeiro turno, eram muitas as emoções encontradas e sabíamos que existia muita coisa em jogo.

Quando chegou o dia da votação, grávida de oito meses, eu estava uma pilha de nervos. Por culpa do fuso horário, tive que ficar acordada até cinco da manhã para saber o resultado. Jamais esquecerei aquele telefonema. Era meu pai, falando feliz, porém sereno, que sim, que ele tinha conseguido ser eleito. Eu só conseguia chorar, chorar e chorar. Nossa felicidade foi imensa, eu sabia o quanto aquela eleição era importante para todos nós, pensava que agora chegava o momento da volta por cima do meu querido pai, e pudemos respirar aliviados olhando o recomeço com otimismo.

Mesmo assim, em um dos muitos telefonemas, meu pai confessou-me que sua felicidade não era completa, pois estava preocu-

pado com a sua reeleição, Lula, que no fim não pôde concretizar-se no primeiro turno. Desde o momento em que soube que existira um turno a mais, para meu pai só existia isso, ele só falava disso e estacionou toda a emoção de ter conseguido ser eleito, para dizer um dia após o outro, "temos que eleger o Lula, Mimi...". Foi em um destes dias que tive minha intuição.

Perto da votação do segundo turno, depois de uma dessas conversas nas quais meus pais contavam como iam as coisas, os debates, as discussões, o medo, a esperança de uma reeleição, senti fortemente que, para meu pai, não era suficiente ter sido eleito deputado federal. Para ele conseguir lavar a alma, superar tudo, ele queria ajudar a eleger você, Lula, como nosso presidente. Eu acho que você foi o político que conseguiu manter, mesmo nos momentos mais duros, a esperança e a confiança do meu pai na política. Ele sofreu muitas decepções, abandonos, desfeitas, mas nunca conseguiu desacreditar totalmente na política ou nos políticos porque sabia que você seria alguém por quem ele sempre lutaria e batalharia.

Como dizia, em um dia desses, rezei fervorosamente para que Deus lhe ajudasse a ser eleito, e mesmo sem saber se isso um dia aconteceria, prometi, ainda grávida da minha filha, que se você ganhasse as eleições e eu ficasse grávida de novo e fosse um menino, se chamaria Luís, em sua homenagem. Graças a Deus e ao povo brasileiro, você ganhou e eu, meu pai e tanta gente, pudemos respirar aliviados.

Minha filha Paula nasceu em novembro de 2006 trazendo paz e felicidade para todos nós. Ela veio para mostrar que tudo o que fizemos, tudo o que lutamos, os sacrifícios vividos, o apoio dos meus pais para uma vida longe da filha, tudo tinha sentido e valia a pena.

Um ano e meio depois, no dia 8 de junho de 2008, nasceu nosso segundo filho, um menino, como não podia deixar de ser, chamado Luís.

Meu marido, Miguel, pediu para que o nosso filhote se chamasse Luís Miguel, e hoje nós o chamamos carinhosamente de

Luismi. Ele é um bebê abençoado, iluminado, calmo e tranquilo, que parece ter vindo como um presente de Deus para que todos sejamos felizes, transmitindo muita paz e alegria. É um bebê lindo, sorridente e de bem com a vida. Desde o momento em que o vi pela primeira vez, soube que não poderia ter escolhido melhor forma de homenagear meu presidente Lula.

Foi por isso, Lula, que quis contar essa história. Queria que você soubesse da existência do nosso Luís, da homenagem feita, da realização de um sonho e de um caminho longo que, ainda que muitas vezes duro, nos trouxe recompensas gratificantes e imensamente felizes. Eu criarei meus filhos longe do meu país, mas eles serão espanhóis e também brasileiros, carregarão essa identidade com orgulho, espero. Por isso me emocionei ao ver as certidões de nascimento legalizadas no Consulado do Brasil, na Espanha, e ,por isso, sempre que pudermos, iremos ao Brasil mostrar suas raízes, uma parte de sua cultura.

Mas especialmente, Lula, criarei meu filho para que sempre faça jus ao nome que carrega, ao homenageado que se encontra em sua existência, para que seja um ser humano como o que vejo no presidente que presenteou o nome do meu filho: íntegro, justo, otimista, lutador e de bem com a vida.

Lula, se você chegou até aqui, muito obrigada por ler minhas palavras, por conhecer a minha história e desejo de coração toda felicidade, força e paz do mundo para você e toda a sua família.

Um beijo carinhoso,
Miruna

Conseguimos que a carta chegasse até o presidente reeleito. E estando ainda na Espanha, lembro de receber, de madrugada, uma ligação do próprio Lula, agradecendo com sua voz acolhedora, aquela pequena homenagem presente no meu filho.

Nos quatro anos de mandato, meu pai voltou à política, mas a política nunca mais foi a mesma para ele. Algo tinha se perdido em 2005, não seus ideais, não sua garra, mas sim algo de seu otimismo e esperança. Mas, mesmo assim, ele trilhava seu caminho, seguia em frente. Em 2009, passei a acompanhar esse percurso mais de perto, pois decidimos, eu e Miguel, morar no Brasil com nossa família, cada vez mais unida.

Hoje, quando penso em todos esses anos - desde 2005 até o momento em que tudo começou a ficar muito difícil, em novembro de 2012 -, penso nos tempos duros e difíceis, pois esperávamos que essa corda viesse apertar nosso pescoço, foram anos em que acreditamos ser possível seguir em frente, porque talvez tudo aquilo ficasse para trás e refizéssemos nossas vidas...

Em 2010 meu pai perdeu as eleições (o nulo relacionamento com a mídia certamente deve ter contribuído para a derrota, pois ele praticamente não aparecia em jornais e revistas); em 2011, decidiram que ele seria julgado, um momento muito duro; e em 2012, recomeçou um calvário que segue até hoje, que abriu e perfurou novamente aquela ferida aberta em 2005.

A condenação

Ter vivido aqueles dias de julgamento televisionado, detalhado e comentado a cada segundo por uma mídia cada vez mais sangrenta e parcial foi uma vivência que não desejo a ninguém, nem aos meus inimigos. Cheguei um dia a me perguntar se aqueles jornalistas, ou melhor, seus chefes, eram capazes de imaginar o que estavam fazendo com uma pessoa que - disso tenho certeza - eles bem sabiam e sabem que nunca construiu nada em busca de dinheiro. Eu via cada manchete, cada frase maldosa, sem entender como podiam fazer isso com uma pessoa tão honesta e não sentir um mínimo remorso... Talvez eles sintam, e eu não sei, mas independentemente disso, é devastador ver como a maldade pode atingir ápices insuportáveis, isso deixou meu pai exposto, e nós também.

Eu não consegui ver o julgamento. Bastou um dia assistir aquela imagem de juízes cheios de papéis e suas capas pretas esvoçantes para saber que nada de bom ganharia observando aquilo tudo. Na minha casa, foi se juntando um pequeno grupo de amigos que se mostrariam muito fiéis durante todo o percurso, que vinham para estar junto com meu pai, para nos apoiar, para estar do nosso lado. À noite, meu pai nos sentava no famoso sofá da sala, eu, minha mãe, meu irmão, para comentar sobre o que ele sentia, o que esperava de tudo isso... E o principal que ele dizia era:

Eu não me arrependo de nada e não vou abaixar a cabeça. Eles vão tentar me humilhar, mas não vou deixar que me humilhem. A única coisa que peço a vocês é que também não tenham vergonha de mim, porque assim estaremos juntos. Eu estou preparado para o que vier. E vocês vão seguir em frente com a vida de vocês, aconteça o que acontecer. Se a vida de vocês seguir, eu serei feliz.

E veio. Apesar de termos tido esperança depois da defesa do advogado, e do voto favorável do ministro Ricardo Lewandowsky - que nos deu um momento de respiro -, no dia que deveria ser o da verdade, 09 de outubro, a injustiça falou mais forte e meu pai foi condenado. Eu não estava em casa, pois nesse dia tinha uma apresentação muito importante do meu trabalho, por isso ouvi pelo rádio e internet a notícia e chorei sozinha dentro de do carro, enxugando as lágrimas a tempo de conseguir entrar em uma sala e apresentar um trabalho que tinha feito com uma parceira e amiga, sobre o ensino da matemática.

Até hoje não sei como consegui fazer aquela apresentação. Acho que a única coisa que me deu forças foi a voz do meu pai e da minha mãe, que diziam: "Eles ganharam da gente hoje, mas não podem ganhar em tudo. Você não pode deixar de mostrar o seu trabalho por causa deles". Falar e conseguir me apresentar era como um pequeno grito de revolta, de luta, de mostrar que eles podiam tentar de tudo, mas sempre estaríamos prontos a levantar a cabeça.

Até a minha apresentação e durante as seguintes a que assisti, ninguém me falou nada, era quase como se todos soubessem que eu estava dentro de uma bolha e que precisava dela para conseguir trabalhar. Quando tudo terminou, levantei-me e fui saindo da escola. Liguei para meus pais e minha mãe disse que eu, por favor, comprasse um refrigerante, porque meu pai estava querendo, mas a imprensa estava acampada em frente de casa e eles não conseguiam pedir nem comprar nada... Foi ali que comecei a desmoronar, as lágrimas começaram a cair e antes que eu chegasse no carro, senti uma mão em meu ombro, a diretora da escola onde trabalhava, alguém que me conhecia desde quando era aluna, pegou em mim, me abraçou forte e disse: "O que você precisa?" E aí eu desmoronei nos seus braços.

Falei aos prantos sobre o refrigerante e, enquanto ela me deixava nos braços de outras colegas e companheiras de trabalho que rapidamente se aproximaram para me dar um abraço, conseguiu fazer chegar uma garrafa da bebida para que eu levasse ao meu pai. Fui muito abraçada e falei muitas palavras de dor e de revolta, que nem me lembro bem. Lembro dos olhos de quase todos que se aproximaram de mim, e de ver muita tristeza, muita angústia e alguma revolta também. Lembro de um professor que nem é de minha convivência mais próxima, pois trabalha com alunos maiores, que se aproximou de mim e disse: "Força Miruna, a história sempre nos mostra que a vida dos que lutam pelo povo é muito difícil, mas que sempre tem aqueles que vão resistir junto". Foi uma das coisas mais lindas que me disseram e, apesar de não conviver intensamente com esse professor, lembrarei sempre desse seu gesto e da coragem e verdade de suas palavras naquele momento difícil.

Fui levada para casa por um comboio de carros de amigas do trabalho, preocupadas com meu estado e com a mídia, mas quando chegamos lá a imprensa carniceira já tinha abandonado nossa calçada. Eu entrei com a Coca-Cola na mão e os olhos já secos, pois o que necessitava colocar para fora tinha feito antes, longe dos olhos do meu pai que agora, por sua vez, só precisava de força. Quando entrei em casa, existia uma bruma bem espessa de fumaça. Cigarro. Não tenho ideia de quantos ele fumou naquele dia, mas tudo na casa cheirava a cigarro e ele parecia se esconder atrás da fumaça de cigarro... O abraço foi contido, e naquele momento ele mostrou sua fragilidade.

Eu, ele e minha mãe conversamos, ainda atônitos com tudo o que tinha acontecido, e meu pai me pediu que o ajudasse a escrever a carta de renúncia ao cargo de assessor do ministro da Defesa. Ele me ditava e eu escrevia suas palavras, que iam e vinham, às vezes com a voz embargada, às vezes com silêncios profundos ou interrompidos com telefonemas dos corajosos que ligavam e falavam palavras de força e de apoio ao meu pai. Enquanto me ditava sua carta, eu escrevia a minha própria, entrelaçada com os silêncios dele, e dando voz ao que corria dentro do meu coração. Eu sabia que precisava da escrita de novo, e que só com ela conseguiria, de alguma forma, segurar e sustentar o que se passava dentro de mim.

Acho que naquela noite um filme muito longo passou na nossa mente... Na dos meus pais, o filme deve ter sido infinitamente mais longo, mas, em todo caso, o que nos passou foi toda a luta do meu pai, suas convicções, suas certezas, seus sacrifícios, sua vontade genuína de fazer algo, de lutar, de fazer política para melhorar a vida dos outros. E esse filme chegava a um momento muito injusto e triste, que eu não sabia aonde nos levaria.

Voltei para casa já de madrugada, quando terminei de escrever meu texto sobre essa condenação:

09 de outubro de 2012

A coragem é o que dá sentido à liberdade

Com essa frase, meu pai, José Genoino Neto, cearense, brasileiro, casado, pai de três filhos, avô de dois netos, explicou-me como estava se sentindo em relação à condenação que hoje, dia 9 de outubro, foi confirmada. É uma frase saída do livro que estava lendo e que me levou por um caminho enorme de recordações e de perguntas que, realmente, não têm resposta.

Lembro-me de que quando comecei a ser consciente daquilo que meus pais tinham feito e especialmente sofrido, ao enfrentar a ditadura militar, vinha uma pergunta à minha mente: será que se eu vivesse algo assim teria essa mesma coragem de colocar a luta política acima do conforto e do bem estar individual? Teria coragem de enfrentar dor e injustiça em nome da democracia?

54

Eu não tenho essa resposta, mas relembrar essas perguntas me fez pensar em muitas outras que talvez, em meio a toda essa balbúrdia, merecem ser consideradas...

Você seria perseverante o suficiente para andar todos os dias 14 km pelo sertão do Ceará para poder frequentar uma escola? Teria a coragem suficiente de escrever aos seus pais uma carta de despedida e partir para a selva amazônica buscando construir uma forma de resistência a um regime militar? Conseguiria aguentar torturas frequentes e constantes, como pau de arara, queimaduras, choques e afogamentos sem perder a cabeça e partir para a delação? Encontraria forças para presenciar sua futura companheira de vida e de amor ser torturada na sua frente? E seria perseverante o suficiente ao esperar cinco anos dentro de uma prisão, até que o regime político de seu país lhe desse a liberdade?

E sigo...

Você seria corajoso o suficiente para enfrentar eleições nacionais sem nenhuma condição financeira? E não se envergonharia de sacrificar as escassas economias familiares para poder adquirir um terno e assim ser possível exercer seu mandato de deputado federal? E teria coragem de, ao longo de 20 anos na Câmara dos Deputados, defender os homossexuais, o aborto e os menos favorecidos? E quando todos estivessem desejando estar ao seu lado, sua posição fosse de ter a decência e a honra de nunca aceitar nada que não fosse o respeito e o diálogo aberto?

Meu pai teve coragem de fazer tudo isso e muito mais. São mais de 40 anos dedicados à luta política. Nunca, jamais para benefício pessoal. Hoje e sempre, empenhado em defender aquilo que acredita e que eu ouvi de sua boca pela primeira vez aos oito anos de idade quando reclamava de sua ausência: "a única coisa que quero, Mimi, é melhorar a vida das pessoas".

Este seu desejo, que tanto me fez e me faz sentir um enorme orgulho de ser filha de quem sou, não foi o suficiente para que meu pai pudesse ter sua trajetória defendida. Não foi o suficiente para que ganhasse o respeito dos meios de comunicação de nosso Brasil, meios estes que deveriam ser olhados através de outras tantas perguntas.

Você teria coragem de assumir, como profissão, a manipulação de informações e a especulação? Se sentiria feliz, praticamente em êxtase, em poder noticiar a tragédia de um político honrado? Acharia uma excelente ideia congregar 200 pessoas na porta de uma casa familiar, em nome de causar um pânico na televisão? Teria coragem de mandar um fotógrafo às portas de um hospital no dia de um político realizar um procedimento cardíaco? Dedicaria suas energias a colocar-se, em dia de eleição, a falar, com a boca colada na orelha de uma pessoa, sobre o medo de uma prisão que essa mesma pessoa já vivenciou nos piores anos do Brasil?

Pois os meios de comunicação desse nosso país, sim, tiveram coragem de fazer isso tudo e muito mais.

Hoje, nesse dia tão triste, pode parecer que ganharam, que seus objetivos foram alcançados. Mas ao encontrar-me com meu pai e sua disposição para lutar e se defender, vejo que apenas deram forças para que esse genuíno homem possa continuar sua história de garra, honestidade e defesa daquilo que sempre acreditou.

Nossa família entra agora em um período de incertezas. Não sabemos o que virá, e para que seja possível aguentar o que vem pela frente, pedimos encarecidamente o seu apoio. Seja divulgando este e/ou outros textos que existem em apoio ao meu pai, seja ajudando no cuidado a duas crianças de quatro e cinco anos que idolatram o avô e que talvez tenham que ficar sem sua presença, seja simplesmente mandando uma palavra de carinho. Nesse momento, qualquer atitude, qualquer pequeno gesto nos ajuda, fortalece e alimenta para ajudar meu pai.

Ele lutará até o fim pela defesa de sua inocência. Não ficará de braços cruzados aceitando aquilo que a mídia e alguns setores da política brasileira querem que todos acreditem e, marca de sua trajetória, está muito bem e muito firme nesse propósito, o de defesa de sua INOCÊNCIA e de sua HONESTIDADE. Vocês que aqui nos leem sabem de nossa vida, de nossos princípios e de nossos valores. E sabem que, agora, em um dos momentos mais difíceis

de nossa vida, reconhecemos aqui humildemente a ajuda que precisamos de todos, para que possamos seguir em frente.
Com toda minha gratidão, amor e carinho.
Miruna

Novamente, selecionei a lista dos amigos e familiares e mandei por e-mail a todos. Além disso, coloquei em meu blog e divulguei pelo Facebook, que, nesta época já dominava grande parte das comunicações sociais. E fui tentar dormir.

Quando acordei, parecia que estava em um sonho, um pesadelo ruim que não queria acabar... A realidade veio forte para cima de mim e fui correndo de volta para a casa dos meus pais. Ao chegar lá, li em voz alta o texto que tinha escrito e recebi os abraços mais tristes do mundo, de dois pais que choravam e sofriam por palavras que eles queriam que a filha nunca tivesse escrito. Meu pai me abraçou e se afastou, um movimento que ele precisou fazer muitas vezes ao longo do processo... Às vezes, até estar perto da gente fisicamente era insuportável, porque ver nosso sofrimento, mesmo que contido, era algo que ele não conseguia suportar.

Não sei muito bem em que momento do dia fomos percebendo que meu texto estava ganhando caminhos maiores do que os que eu tinha imaginado... Enquanto me emocionava lendo as mensagens que recebia por e-mail e Facebook, meu pai começou a receber telefonemas de pessoas anônimas e outras nem tão anônimas assim, contando da emoção que sentiram ao ler minhas palavras. Comecei a entrar em sites de esquerda e vi meu texto lá, estampado das mais diversas formas, fosse em trechos, fosse completo, com fotos nossas retiradas não sei de onde, com mensagens, muitas mensagens, de apoio e muito carinho.

Naquele triste dia 10 de outubro de 2012, as reações tão fortes e intensas ao meu texto foram um alento sem tamanho, para que pudéssemos suportar a dor que estávamos sentindo. Já não tínhamos aquela esperança que tivemos depois do "Suco de limão e queijadinha", mas de alguma forma sentimos um grande alívio em saber que existia muita gente lendo outras palavras, entendendo as coisas de outra forma, de outro viés, com outro sentido.

Por muitas vezes, me peguei pensando no que mudaria em meu texto se pudesse adivinhar que ele teria sido tão lido como foi... Eu diria muito mais vezes que meu pai é inocente, com certeza, eu diria mil vezes mais forte que ele nunca participou de nenhum esquema de corrupção, diria que o papel que ele assinou foi de um empréstimo já pago pelo PT e aceito pela Justiça Eleitoral, diria que meu pai foi condenado sem provas... Mas aí percebia que, talvez, se tivesse colocado tudo isso, meu texto não teria circulado como circulou, e o que tinha de escrever era aquilo mesmo que escrevi, o que sentia, a verdade e a injustiça de tudo o que estava acontecendo.

Recebi muitas palavras de conforto, de apoio, de carinho, de luz, de verdade, muitas... E com a circulação massiva do texto (ele se manteve até o final de 2014 como um dos textos mais lidos e comentados da página do jornalista e blogueiro Paulo Henrique Amorim, por exemplo), meus pais e meus irmãos puderam receber apoio e carinho também... O texto nos uniu, nos fez mais fortes, e conseguiu mostrar para as pessoas qual seria o nosso caminho: lutar pela verdade e jamais se esconder.

Eu já ouvi muitas vezes, principalmente depois, quando meu pai foi preso, pessoas que me diziam que não sabiam de onde vinha minha coragem, e nossa, como conseguia enfrentar tudo daquela maneira. E sempre que ouvia isso, pensava: não foi uma escolha, foi o que tinha de fazer. Nunca parei para pensar se deveria ou não me expor, nunca medi as consequências disso, e para o bem e para o mal, sofri e ganhei com os resultados de minha decisão.

Com o meu pai, as coisas sempre funcionaram assim, com o coração, com o ímpeto, e não com a razão e ponderação. Pelo meu pai, eu nunca poderia titubear, porque ele nunca titubeou por mim.

Os pássaros feitos a muitas mãos

O período depois da condenação foi vivido de forma muito particular, em cada um de nós. Em parte, existia um clamor muito forte do meu pai e da minha mãe para que eu e meus irmãos seguíssemos em frente com nossas vidas. Com meus filhos frequentando tão intensamente a casa dos meus pais, não era possível instaurar um clima de velório, apesar de que, naquele momento recebemos a orientação de que era melhor poupá-los de qualquer notícia, já que deveríamos esperar algo concreto acontecer para conversarmos com eles.

No meio desta época meio nublada, minha mãe surgiu com um caminho no qual todos pudemos nos agarrar e que acabou se tornando algo muito forte e especial. Ela tem uma história muito forte relacionada às artes de forma geral, e ao bordado muito especialmente; organizou quatro grupos de bordados que seguem firmes até hoje, tantos anos depois que foram criados, e fez muitas oficinas de bordados pelo Brasil afora. O bordado, então, já há algum tempo era parte forte e frequente em nossa rotina, algo com o qual minha mãe e eu, às vezes, estávamos sempre às voltas, e que meu pai e meu irmão acompanhavam à distância.

Pois bem, no meio de tudo isso minha mãe decidiu colocar um enorme pano a ser bordado entre muitas mãos. Utilizou como inspiração os versos de Mario Quintana: "Todos os que estão a atravancar meu caminho, eles passarão, eu passarinho", que tinha sido colocado por meu pai em sua carta de renúncia ao cargo de assessor especial do ministro da Defesa, enviada aos meios de comunicação depois de sua condenação. Assim, minha mãe escreveu essas palavras em um pano, desenhou uma enorme Fênix – a ave que renasce das cinzas –, e convocou amigos, amigas, parentes, adultos, crianças, amigos distantes, amigos próximos, conhecidos, para vir até nossa casa e bordar um pássaro em solidariedade a José Genoino e sua condenação injusta.

Esse pequeno gesto se tornou algo revolucionário, pois foi se construindo como um espaço de luta, de força, de união e de esperança. Minha mãe e eu organizávamos encontros em nossa casa e em cada um deles meu pai vinha e conversava com as pessoas, dizendo como ele estava se sentindo, falando sobre sua inocência e deixando espaço para todos que quisessem fazer uma pergunta, falar, trocar suas impressões. Dia a dia o pano foi ganhando cores, traços, tamanhos e conforme as linhas se entrelaçavam novamente, assim como quando meus textos chegavam até alguém de forma especial, nossa família conseguia respirar e acreditar que não estava sozinha nessa luta.

Nesse pano, mais de 100 pessoas bordaram pássaros de diferentes cores e tamanhos. Meus filhos bordaram, o Miguel, meu irmão, e meu pai bordaram, amigas bordaram, colegas de trabalho, chefes, parceiras, conhecidas de minha mãe, tanta gente... Veio grávida, veio gente mais velhinha, veio criança. Veio uma mãe de recém-nascidas gêmeas, que bordou dando de mamar a uma das filhas. Veio gente que não conhecíamos tanto, ou gente que tinha se perdido no fio do tempo da vida que engole e afasta algumas relações; recebi antigas amigas que vinham dispostas a mostrar sua força a nós e, especialmente, sua crença nos princípios éticos de José Genoino.

Os pássaros criaram um enorme pano cheio de afeto e carinho... Eles permanecem hoje como a prova de que no meio da injustiça e da tristeza, é possível surgir algo belo.

Seguindo em frente

No final de 2012, passamos por uma grande angústia, pois o procurador-geral solicitou que meu pai e os demais condenados fossem presos imediatamente, ainda que o processo estivesse em trânsito no Supremo Tribunal Federal (STF) e existissem recursos que seriam interpostos e que deveriam ser julgados. Eu estava trabalhando quando soube da notícia, meus pais estavam viajando com as crianças e voltaram às pressas... Ficamos dois dias à espera da resposta do relator da Ação Penal 470, mas rapidamente fomos entendendo que dar respostas rápidas apenas era algo reservado para as surpresas negativas, e que parte do sofrimento era aguentar toda a tortura da espera e dos rumores.

Finalmente, foi negada a ida à prisão naquele momento e todos respiramos um pouco aliviados. Nossa casa estava de novo com o grupo de fiéis amigos que sempre vinham nos dar seu carinho, e conosco abraçaram e comemoraram o adiamento do inevitável.

Como sempre, e atendendo aos pedidos do meu pai, fomos seguindo com nossas vidas. No final de 2012, logo depois da injusta condenação, recebi a notícia de que tinha sido aprovada no mestrado "Escritura y alfabetización", da Universidade Nacional de La Plata (Argentina), coordenado pela Mirta Castedo, uma pesquisadora argentina com trabalhos muito interessantes e revolucionários na educação pública do país vizinho, alguém que sempre usamos como referência em nosso trabalho aqui no Brasil.

Fui levada a esse mestrado por um amiga recente, a Giulianny, que passou por quase todas as fases que muitas pessoas passam ao me conhecer: ficar perto, ir conhecendo, depois se assombrar ao saber quem era meu pai, descobrir a verdade por trás das manchetes, então se indignar ao saber de nossa vida, de nossa realidade, e graças a Deus, passar a admirar ainda mais meu pai e sua história. Ficamos muito amigas e ela – a parceira que esteve comigo na apresentação de matemática feita no dia da condenação –, foi a principal responsável por me levar a esse mestrado que, mal sabia, salvaria a minha alma de ser destruída e corroída durante esse duro processo.

Ao ser aprovada fiquei novamente angustiada, e outra vez, quem me levou para frente foi meu pai. Assim que soube da notícia, pulou da cadeira, me abraçou e disse que aquilo era maravilhoso e que, apesar de tudo, nossa vida ainda tinha conquistas e isso era o maior grito de revolta que podíamos dar. Essa sua convicção, de que meu mestrado era importantíssimo, foi se tornando como que símbolo para ele de que eu não estava destruída completamente pelo que acontecia, que esse mestrado demonstrava existir bons motivos para seguir em frente.

Em paralelo, meu pai assumiu o mandato de deputado federal no começo do ano, atendendo ao chamado de suplente feito à época. Eu estava longe, visitando familiares de meu marido, e coube à minha irmã, Mariana, e ao noivo dela, Pedro, estar com meu pai no dia da posse, um dia marcado pelo sensacionalismo e pela perseguição da mídia. De longe, quando vi as fotos, senti no rosto dos três, meu pai, minha irmã e meu cunhado, a tensão, a revolta, a indignação, mas também a altivez, que tiveram de manter neste momento... Para minha irmã, foi muito duro, porque ela sempre esteve mais distante dessas situações por morar em Brasília, desta vez, porém coube a ela estar ali, preparada para aquele momento.

E a vida seguia. Para fazer o meu mestrado, eu precisava ir à La Plata algumas vezes por ano. Fui a primeira vez em fevereiro de 2013, por duas semanas, sofrendo muito com a distância de meus filhos e aguentando tudo pelo apoio incondicional de minha família, e, especialmente ao do Miguel, firme e constante a meu lado. Em julho do mesmo ano, tive uma nova ida para lá, e apesar de sofrer pela separação da Paulinha e do Luismi, desta vez fiquei mais animada, pois sabia que eles teriam uma programação de férias e que, além disso, meus pais programaram uma ida à Ubatuba para ficar com as crianças por lá.

Quando a minha vida quase parou

O dia começou normal, com nosso café da manhã rápido para ir à aula, mochilas carregadas de notebooks e sanduíches para o almoço, trocas de mensagens com os familiares distantes. Era uma quarta-feira, dia 24 de julho de 2013.

Almoçamos, eu e minhas amigas como sempre, em nosso andar vazio da universidade, comendo nossos sanduíches caseiros e trocando histórias e confidências. Por muitos e muitos dias, eu volto àquele almoço, àquela preciosa uma hora de almoço em que meu coração estava tranquilo, a não ser pela saudade da família, e uma gargalhada sonora era algo tão fácil de acontecer. Nunca imaginaria que, depois daquele momento, tanta coisa ia mudar.

Às 13h24 eu escrevi no Facebook a seguinte mensagem:

Eu nunca poderia imaginar que essa era novamente uma das minhas habituais premonições que sempre aconteceram entre mim e meu pai.

Às 14h, recebi uma mensagem do meu irmão, pelo Facebook, de que ele tinha que falar comigo; quando ele me disse que precisava ser pelo Skype, pensei que algo muito ruim tinha acontecido, pois, normalmente, conversávamos sempre pelo Face mesmo, ou por Whatsapp...

E quis a vida que, mesmo nos dias de hoje, em que a tecnologia é algo tão natural, eu demorasse uma hora para entender o que tinha acontecido: meu pai tinha passado mal no litoral e, por conta de dores no peito e nas costas, tinha ido para a Santa Casa de Ubatuba. Nada tinha sido encontrado, a dor persistia e ele precisava ir para São Paulo de ambulância, o quanto antes.

Ainda à espera de notícias mais claras, pude falar com ele e suas palavras foram: "Mimi, estou bem, não precisa voltar para o Brasil". Minha mãe também foi categórica, eu tinha de esperar um pouco, parecia que não era nada grave, apenas stress causado pelo habitual problema e por algum outro desgosto vivido em sua desafiadora caminhada política.

Antes fosse... Às 22h30, no Hostel onde estávamos alojadas, com meu pai já em São Paulo, a mensagem de todos que estavam no Brasil continuava sendo para eu ficar tranquila e esperar, que parecia que estava tudo bem. Às 23h, tudo mudou. Meu irmão escreveu três frases para mim: Mimi, o papai está em estado grave. Vai ser operado. É melhor você voltar. A partir desse momento, foi como se a minha vida tivesse parado. Nada mais tinha sentido, valor, importância, direção ou tamanho, nada mais além de meu pai, sua vida, sua presença, ele perto de mim.

Não sei nem o que senti, falei, vivi ou pedi, só sei que minhas amigas queridas me ajudaram a conseguir pegar uma mochila e sair rumo a Buenos Aires para, de alguma forma, me aproximar do Brasil, o mais perto possível de onde a vida do meu pai estava e deveria estar. Nunca me disseram explicitamente que a vida dele estava em risco, mas eu soube disso a partir do momento em que li as frases do meu irmão... Não sei nada de doenças cardíacas, mas a aorta dele estar rasgada era algo que eu sabia - antes mesmo de conhecer a verdade -, que não podia ser algo simples.

Das 23h30 às 8h eu estive viajando. Passei por quatro cidades, três países, táxi, avião, esteira, escada, subi, desci, andei, corri, sentei, levantei, chorei e chorei. A uma hora e meia em que estive no avião de Buenos Aires até Assunção, no Paraguai, e as duas horas e meia de Assunção até São Paulo, onde do alto das nuvens eu não podia receber uma mensagem, uma notícia, nada, foram as piores horas da minha vida. Estar voando sem saber se meu pai amado estava vivo ou morto, sem saber o que era de sua vida, foi algo que eu jamais poderei explicar. Não sei como aguentei, não sei como não enlouqueci, não sei como consegui chorar baixinho, porque foram horas de sofrimento sem tamanho... O que pensei? Em tudo o que meu pai significa em minha vida, nele como o pai especial, aquele que me completa, que eu amo e que me ama acima de qualquer coisa, meu companheiro, meu amigo, meu conselheiro... E pensei em meu avô, pai do meu pai, que com mais de 90 anos superou duas cirurgias graves do coração, eu só pensava nele e de que ele haveria de ter passado a força de seu coração ao meu pai amado.

Lembro claramente de um momento em que olhei pela janela e ali, acima das nuvens, vi um céu único, lindo, com o sol nascendo sem uma única coisa além de seus raios e pensei: o que é isso? É a mensagem de que meu pai se foi ou a alegria dele ainda estar presente em minha vida?

Em Assunção, fiquei sabendo que a cirurgia tinha acabado, mas pelas palavras cautelosas de meu irmão algo me dizia que ainda não era hora de comemorar...

Mais ou menos às 9h de quinta-feira do dia 25 de julho, pude finalmente abraçar meu irmãozinho lindo e minha mamãe amada e ir, de mãos dadas com meu Nanan, ver meu pai. Entrei na UTI tremendo, sem saber o que pensar ou sentir, sem nada mais além de meu coração de filha em frangalhos, e quando meu olhos encontraram aqueles olhos dele fechados, inchados ainda, seu corpo todo coberto por fios, máquinas e apetrechos, não sabia o que sentir ou pensar, eu apenas queria que ele pudesse saber que eu estava de volta. Perguntei à enfermeira se eu podia beijá-lo, dei então muitos beijos em suas mãos, onde era possível, e falei bem perto do seu ouvido: "Papai, eu voltei, eu estou aqui, com você. Eu te amo".

Faltava saber quando ele ia poder responder às minhas palavras. Quem tem a sorte grande de nunca ter visto um ser querido e amado na UTI, pode sentir-se muito, muito afortunado. O sentimento que temos por um lugar como esse é extremamente ambíguo... Agradecemos todo o cuidado e atenção, toda a capacidade tecnológica a favor da pessoa que amamos, toda a medicina e química ao dispor de salvar aquela preciosa vida. Porém, existe o peso, o medo, a visão que temos de alguém que sabemos que está distante de estar como conhecemos e que torna a relação com aquele espaço algo difícil de explicar.

Passado o susto da chegada, da primeira visão de meu pai, fui tomando consciência do furacão que tinha entrado em nossas vidas. Se antes de aterrissar no Brasil era apenas uma intuição pensar que a vida de meu pai esteve em jogo, na sala de espera da UTI pude compreender que ele estava sobrevivendo a um verdadeiro milagre. A dissecção da aorta é uma das condições mais graves da cardiologia, é um problema a ser resolvido em uma cirurgia que nenhum médico gosta de realizar, pois as chances de fracasso são altíssimas. A primeira notícia que tive foi que meu pai teve, no dia 24 de julho, 90% de chances de falecer. Soube que, ao longo das 15 horas entre a dor inicial e a cirurgia, a cada hora o risco de morrer ia aumentando perigosamente. Saber que a morte esteve tão perto desta pessoa tão amada é um susto, um abismo que sempre deixa marcas profundas.

Em meio a tudo isso, soube dos riscos e das possíveis sequelas motoras, neurológicas e na fala... As notícias que chegavam nos davam esperanças, a recuperação parecia boa, mas os olhos fechados, os tubos cobrindo muitas partes de seu corpo, ainda causavam muita ansiedade em todos nós. Foi quando, de repente, saiu minha mãe da UTI e falou para mim e o Nanan: "Ele abriu os olhos, chorou, vão para lá!". Corremos. Ao chegar, o quarto estava a mil por hora, cheio de gente, máquinas, iam fazer um raio-X e, por isso, levantaram-no da cama, bem nessa hora pudemos vê-lo na nossa frente, e vimos aqueles olhos tão expressivos abertos, olhando para nós. Acho que nunca em minha vida vi os olhos de meu pai tão arregalados, tão abertos, tão cheios de vida... Ele mesmo não se lembra daquele momento, mas tenho certeza de que seus olhos expressavam sua própria surpresa em reencontrar-se com a vida.

Nesse momento tão único, chegou a Mariana, vinda de Brasília, às pressas. Nós três fomos entrando e vendo os olhos de meu pai nos observando, rondando, procurando entender onde estava, o que era tudo aquilo, como aquela situação estava acontecendo. Foi um momento muito forte... Sua voz ainda não podia ser ouvida, mas sua forma de comunicar-se com os olhos nos dizia que ele estava aqui, que sua mente estava lúcida, que ele tinha voltado não apenas de corpo, mas também de alma... Ao sair da UTI, meu irmão abraçou minha mãe, que tinha voltado a entrar e os dois choraram abraçados, soltando muito do que viveram juntos durante a noite, esperando a cirurgia acabar. Eu nunca vou saber exatamente o que eles dois passaram e nunca poderei apagar a marca de não ter estado ao lado deles quando tudo aconteceu... Por um lado, não soube das estatísticas tenebrosas, por outro, corri um risco muito, muito grande, de perder meu pai sem ter conseguido me despedir dele. Este é o grande pesadelo que me aflige, um sentimento que nunca me abandonará.

Com aqueles olhos abertos, pude acolher um pouco da minha angústia, falar muitas vezes ao meu pai o quanto o amo olhando em seus olhos, encontrar naquele olhar a certeza de que ele sabia que eu estava ali, que estava de volta, que estávamos de novo juntos. Nunca poderia imaginar o valor de olhar nos olhos do meu pai.

Depois de dois dias tensos e difíceis, meu pai foi melhorando, tendo mais consciência de tudo e, o mais incrível de tudo, foi mostrando que ele soube com clareza, desde o começo das dores, que sua situação era grave. Ele chegou a nos dizer que não teve medo de morrer, porque só pensava que queria que a dor passasse, que aquilo terminasse... Ele ainda hoje fala daquela dor quase que com medo, com choque, pois diz que foi algo que ele não aguentaria viver outra vez.

Duas semanas depois, meu pai estava indo bem em sua recuperação e estávamos já prontos para voltar para casa, quando tivemos um susto. Foi na noite do Dia dos Pais de 2013, e segundo minha mãe, ele acordou perguntando onde estava e por que não estava em Ubatuba. Foi um choque, um medo tremendo. De certa forma, pelo menos isso aconteceu no rodízio de dormir da minha mãe, sempre mais serena para enfrentar momentos difíceis.

Foram feitos muito exames que, junto com a paralisação de um de seus braços no dia seguinte, indicaram que meu pai tinha sofrido um micro AVC, ainda consequência da dissecação da aorta. O esquecimento que ele sofreu, não foi devido a esse micro AVC, foi devido, sim, a um stress pós cirurgia - na confusão, demoramos a entender o que estava acontecendo.

Foi um balde de água fria. Estávamos quase indo para casa em um dia, e no outro, lá estava meu pai de novo conectado a uma enorme quantidade de fios. Depois desse micro AVC, começou uma jornada que nos acompanharia por muito tempo, buscando atingir o nível esperado de coagulação do sangue, algo complexo de alcançar por depender de ajuste de medicação e de alimentação correta, além da resposta de seu organismo.

No final de agosto, finalmente conseguimos levar meu pai para casa, para que se recuperasse tranquilamente no nosso cantinho.

E veio o dia 15 de novembro

De tudo o que escrevi até agora, certamente esse é o trecho mais difícil de relatar. Não por acaso, este foi o único momento no qual não consegui apoio e conforto nem mesmo na escrita, e não escrevi grandes textos porque o tempo corria e eu precisava agir, fazer o que fosse preciso para ajudar meu pai. O que contarei aqui intercalei com o que escrevi no Facebook - e que tornou nosso caminho possível de ser trilhado, porque foi a forma que encontramos de contar a verdade por trás do teatro e da armação contada dia após dia pela mídia... Graças ao Facebook e aos amigos que compartilhavam o que contávamos, ganhei espaço para que fosse ouvida e, com isso, ir mostrando outro caminho, o caminho da verdade.

Para mim, tudo começou no dia 13 de novembro, uma quarta-feira. Eu tinha acabado de me encontrar com alguns amigos de vida inteira, que estavam me entregando seus convites de casamento, e meu irmão me mandou a mensagem para que passasse na casa dos meus pais. Quando cheguei ali, no sofá, aquele sofá, todos tinham o semblante muito sério e todos demoramos a falar; eu demorei a perguntar, minha mãe e meu pai demoraram a responder, meu irmão demorou a me olhar. Tivemos uns segundos de silêncio, porque acho que no fundo eram aqueles segundos de tomar fôlego, de lembrar que tinha chegado a hora, tinha chegado o momento de sermos fortes e enfrentarmos de uma vez a maior consequência negativa da condenação injusta do meu pai. Tinha sido pedida a sua prisão imediata.

Nessa noite, meu pai falou conosco mais de assuntos práticos: o que fazer em sua ausência, deixar quem encarregado dos assuntos da casa, de que forma cuidar da Paulinha e do Luismi e, de novo, o pedido encarecido, desesperado, urgente até, de que seguíssemos com as nossas vidas. Perguntamos muito sobre a questão da saúde, mas ele estava muito pessimista quanto a conseguir uma consideração ao seu estado, ainda muito delicado (neste momento, sua taxa de coagulação do sangue ainda não tinha sido atingida plenamente).

Terminei o dia desabafando assim...

13 de novembro

Perdemos. Mas não é só meu pai que perde a liberdade, o que se perde é algo maior. Que alguém que já esteve preso para que todos nós hoje sejamos livres, volte a perder sua liberdade por uma injustiça é algo que não dá nem para comentar. Nossa luta agora é para que ele cumpra a prisão em regime semiaberto em São Paulo, e não em Brasília, como pediu o Joaquim Barbosa (ministro do STF), por motivos óbvios. Se precisávamos de vocês antes, agora nem sei como dizer o quanto é necessário o carinho e o amor de todos. Paulinha cumpre sete anos semana que vem. Luismi cantará na escola semana que vem. E pensar que tudo isso será vivido longe do avô, é duro e triste demais.

No dia 14 de novembro, fui trabalhar normalmente, e quando voltei para casa com as crianças (era uma quinta-feira, dia em que costumamos almoçar com meus pais), nossa calçada estava lotada de jornalistas. Lembro como se fosse ontem a carinha dos meus filhos quando viram aquilo, encolhendo-se no banco de trás e segurando nos meus braços. Eu disse a eles que íamos entrar rápido e que eles ficassem calmos. Estacionamos o carro e eu desci na frente dizendo: "Vou descer com duas crianças, dois menores de idade, vocês não podem fotografar nem filmar!". Os jornalistas(?) apenas me olharam.

Quando eu desci do carro, com a Paulinha em uma mão e o Luis Miguel na outra, os dois colados em mim, ouvi vários cliques em cima deles. Eu olhei desesperada, com raiva, dizendo: "Vocês não podem fotografar!", ao que um deles olhou para mim e disse: "Não podemos publicar fotos deles, mas tirar a gente pode e vai tirar, sim". E clicou na minha cara a sua câmera cruel.

Eu já me peguei pensando muito naquela postura, e no que levavam pessoas a fazer aquilo. Algumas vezes disseram-me que eram mandadas por seus chefes para estar lá, coisa que concordo, mas esse tipo de atitude que contei anteriormente, envolvendo minhas duas crianças pequenas, eu não posso entender. Se foi um pedido de algum chefe, considero que qualquer pessoa com o mínimo de ética e humanidade não faria.

Sou assalariada, também tenho chefes, mas estou segura de que jamais ultrapassaria os limites dos meus princípios éticos e humanistas, mesmos se alguém me mandasse, coisa que graças a Deus nunca aconteceu. Fotografar, brutalizar, violentar desta forma familiares de alguém que está exposto pela mídia, não me parece ser algo possível de suavizar ou compreender de forma alguma. Tive momentos de raiva, de explosão, cheguei a falar coisas de que me arrependi depois, porque nenhuma das pessoas que ficaram na porta da casa dos meus pais merecia que eu me expusesse daquela forma...

Nada mais a falar. Que eu encontre forças em algum lugar

No dia 15 de novembro, não tínhamos ainda nenhuma notícia do que aconteceria com meu pai e começamos a pensar que seria algo apenas para depois do feriado. Ainda assim, pedi à minha irmã e ao meu cunhado que viessem de Brasília para São Paulo, o que, segundo ela, foi mais uma das minhas intuições. Como ainda existiam muitos fotógrafos na frente de casa, acabei pedindo a uma amiga que levasse a Paulinha e o Luismi para passear, para que os dois pudessem se afastar um pouco daquele ambiente.

Depois de um almoço muito relaxado, conversando sobre a vida e evitando falar no assunto que nos rondava, meu pai recebeu a visita de seu grande amigo, Roberto Benevides, parceiro do meu pai nas caminhadas da vida desde a juventude. Ele veio com a mulher e a filha e ficamos ali, conversando, falando sobre a vida, planos, tantas coisas... Eles se despediram de nós e sentamos todos na sala, ainda aproveitando um pouco dos momentos juntos.

Foi quando o telefone do meu pai tocou. Ele mudou sua expressão, foi falando e se levantando, e nós não conseguíamos falar. Ele desligou e disse: "Saiu o papel. Chegou a hora pessoal".

Voltar àquele momento é algo muito difícil, porque não existem palavras que possam mostrar para quem está aqui comigo agora, acompanhando essa espécie de memória, o que sentimos naquele momento. No começo, todos nos abraçamos ao meu pai, mas ele não nos abraçava por muito tempo, apenas segurava nos nossos braços e dizia, "Vamos, vamos". Depois, cada um foi para um lado... Eu não sei bem dos meus irmãos, mas minha mãe foi a única que não deu espaço para si mesma e começou a organizar tudo o que meu pai precisava levar, suas roupas e seus pertences. Meu irmão, tão parecido que é com a minha mãe, prático quando é preciso, subiu correndo para o quarto e começou a colocar em um papel os horários dos remédios do meu pai, que recentemente tinha tido uma confusão na forma de tomar e estava sendo medicado com a ajuda do filho.

Eu chorei e gritei. Muito. E forte. Lembro de cair nos braços do Miguel, apertar bem forte e dizer: "Eu não consigo, não consigo, não vou conseguir". O Miguel me deixou ali e falava: "Calma, você consegue, vamos, vamos ajudar seu pai". Ligamos para o Bené, o amigo que estava ali minutos antes, avisamos as pessoas próximas, especialmente do grupo de fiéis amigos que ficaram sempre conosco nos momentos decisivos, e começamos a nos preparar para o inferno.

Com a mala pronta, esperando o advogado, meu pai foi para a cozinha e disse: "Vamos lá pessoal, é uma injustiça, mas eu estou forte, vamos lá, vamos começar logo com isso". Meu pai não aguentava mais a tortura de esperar e mostrava que já que era para viver a injustiça, que começasse logo de uma vez.

Chegamos no momento de sair de casa. Sabíamos que a imprensa viria para cima, e estávamos preparados. Todos juntos, meu pai com o tecido dos pássaros bordados por tantas pessoas queridas, em seu ombro para mostrar a força de nossa luta por sua inocência. Quando pisamos no quintal de casa, os flashes começaram a bater e palavras eram ditas de forma confusa. Eu não conseguia respirar, mas segurei firme no meu pai... Vendo depois de um tempo as fotos deste momento, percebi que eu estava com a mão no coração do meu pai, algo que fiz sem pensar, mas que mostrava meu desespero em protegê-lo de alguma forma daquele horror que estava apenas começando.

Ele entrou no carro do advogado junto com minha mãe. Eu o abracei bem forte e disse: "Papai, eu te amo muito, muito". Essa seria a última vez que eu veria meu pai em São Paulo... Essa foi a última vez em que ele esteve em sua amada casa, nosso sobrado de tantos anos, nosso recanto, nosso sofá, nosso espaço. O carro saiu correndo, eu fui voltando para casa e, nessa hora, caí no chão, chorando, desesperada, vendo apenas um escuro enorme na minha frente. Bem nessa hora, dois pares de mãos me seguraram e, quando olhei, minhas duas grandes amigas, Juliana e Estela, estavam ali, com o olhar triste, mas forte, e chegaram a tempo de me segurar, de não deixar que eu caísse.

A chegada delas em um momento tão preciso, tão necessário, é um símbolo que carrego dentro de mim da fonte de toda a força que fui tendo, fomos tendo, para aguentar as situações. É incrível como na nossa vida pudemos viver coisas tão tristes, mas seguir vivenciando formas de solidariedade, amor, compaixão e entrega, tão fortes e verdadeiras. Era um dia de feriado, e muita gente largou tudo o que estava fazendo e veio estar conosco, do nosso lado, pertinho.

Entramos correndo no carro e fomos atrás do meu pai, levado para a sede da Polícia Federal. No caminho, fomos avisando quem podíamos do que estava acontecendo, e quando chegamos muita gente já estava ali, conhecidos e desconhecidos, para nos apoiar, para apoiar meu pai, para estar do nosso lado. Foi inesquecível ver aquela gente ali... E me emocionei em especial ao ver novamente o fiel grupo de amigos do meu pai, aquele grupo que esteve em nossa sala em todos os momentos decisivos deste processo, presente ali, justo no momento em que tudo parecia que estava dando errado. Eles nos mostravam a força da amizade, a força da luta silenciosa e presente de quem nunca vai se cansar de estar do lado de um amigo quando ele mais necessita.

Ficamos bastante tempo do lado de fora da sede da Polícia Federal. Esperando, recebendo apoio, rezando, chorando, chorando muito. Um momento marcante foi quando olhei para o lado e vi uma mulher agachada, com uma sacola de papelaria, abrindo um pacote de cartolinas e começando a escrever. Eu me assustei e pedi para minha guerreira prima Lia perguntar o que estava acontecendo, e assim, ela descobriu que era uma apoiadora anônima do meu pai, que tinha trazido material para fazermos cartazes de apoio a ele. Foi lindo. Todo mundo se agachando, escrevendo, colocando ali palavras que depois seriam erguidas atrás dos repórteres que tentavam noticiar a nossa desgraça.

De repente, surgiu um megafone vindo não sabemos de onde, que começou a entoar palavras de ordem: "Genoino, guerreiro do povo brasileiro", entre outras... E em determinado momento, alguém se aproximou e disse: "Fala algo, o seu pai pode escutar". Eu peguei o megafone, e amigos, amigas e nossa família se aproximaram. Eu olhei para o alto daquele prédio, peguei o megafone e disse algumas palavras, não lembro de todas, claro, mas que diziam mais ou menos assim: "Papai, é a Mimi, eu estou aqui. Estou aqui com a mamãe, o Nanan, a Mari, o Miguel, o Pedro. A Paulinha e o Luismi estão bem, estamos todos aqui. Papai, nós temos muito orgulho de você, viu? Muito orgulho. A gente está aqui e vamos estar sempre do seu lado. Eu te amo". Eu abaixei o rosto e a primeira coisa que vi foram minhas primas, uma ao lado da outra, chorando, chorando muito, mas sorrindo para mim... Eu chorava, respirava aliviada sabendo que tinha conseguido falar, era muita coisa misturada.

Passado um tempo - depois que o Zé Dirceu chegou, e as coisas foram se acalmando -, vimos que precisávamos ir embora... Voltamos em comboio para a casa dos meus pais, em estado de choque, todos com os olhos um tanto arregalados, o coração em frangalhos e sem saber como seguir em frente. Voltar para a casa dos meus pais naquele dia, naquele 15 de novembro de 2013, foi uma das coisas mais tristes que aconteceu na minha vida. Entrar na sala e ver o sofá ainda com a marca do meu pai lá... O lugar onde ele sentou, o copo vazio que ele bebeu, todos os resquícios dele por lá. E uma saudade corroendo por dentro, uma saudade desesperada, de não saber em que momento seria possível estar de novo com ele.

O pós 15 de novembro. O pior final de semana de nossas vidas

Acordar e seguir em um pesadelo é algo horrível, e foi o que nos aconteceu no dia seguinte, no 16 de novembro. Estávamos todos com o coração apertado, e mais ainda por dois pesos enormes que cresciam dentro de nós: ele seria mesmo mandado para Brasília? Por quê? E estaria tudo bem com sua saúde? Não sabíamos o que aconteceria.

Para mim e para o Miguel, e para todos de uma forma geral, mas especialmente para nós dois, existia uma preocupação também importante e urgente: como contar para a Paulinha e para o Luismi? Desde 2012 estávamos adiando essa conversa e, apesar de que já tínhamos tido algumas conversas com eles, sabíamos que essa era diferente… Eles estavam na casa de uma amiga da família desde o dia anterior, e com tudo caminhando para termos de ir atrás do meu pai rumo à Brasília, tínhamos que conversar com eles o quanto antes.

Recebemos de manhã outra amiga da família, psicóloga e orientadora de famílias, que nos ajudou a pensar em como conversar com as crianças. E com toda a coragem que era possível, fomos eu, Miguel, minha mãe e meu irmão até a casa da amiga onde eles estavam. Chegando lá, sentamos com eles na sala, os dois nos olhando firmes, sabendo que tanta gente ali junto mostrava que algo importante estava para acontecer.

Fui eu que comecei a falar.

"Paulinha, Luismi, lembram que a gente falou que algumas pessoas achavam que o Vovô tinha feito uma coisa errada? Mas que ele não fez? Essas pessoas continuam sem acreditar no Vovô e decidiram que ele tinha que ser preso. Então ontem ele foi preso."

E Paulinha: "O Vovô foi preso? onde ele está?". Respondi, "Ele está preso, Paulinha, mas vocês dois precisam saber que isso que está acontecendo é uma injustiça, que está errado, e que a gente vai lutar para mostrar que o Vovô não pode ficar preso."

Foi quando Luismi, que estava sentado na poltrona na minha frente, no colo do Miguel, pulou para cima de mim e começou a chorar, muito forte, muito alto, se afundando cada vez mais dentro de mim. Foi muito, muito difícil. Todo mundo ficou com os olhos cheios de lágrimas, e quase em estado de choque por uma reação tão clara e imediata de uma criança tão pequena, de apenas cinco anos. Sem sabermos como prosseguir, foi meu irmão que nos fez sair do choque:

"Pessoal, sabe aqueles filminhos que vocês gostam de ver? Então, as pessoas boas às vezes passam por uma coisas chatas, fazem coisas ruins com elas, mas no final tudo acaba bem, não é? Então, o Vovô é como essas pessoas boas, estamos na parte chata do filme, mas vai acabar tudo bem."

Foi o melhor que alguém poderia ter dito, porque, de alguma forma, eles respiraram fundo e decidiram levantar a cabeça. Nos abraçaram muito e eu disse: "Eu vou para Brasília, pessoal, porque o Vovô está indo para lá, mas amanhã eu volto, tá?".

Eu teria de refazer a minha promessa de retorno outras tantas vezes e demoraria muito mais para voltar.

O Luismi até hoje carrega a insegurança dessa minha promessa não cumprida e permanece sempre me perguntando muitas vezes se eu vou mesmo chegar, buscar, aparecer quando estou dizendo que vou.

Saímos de lá e fomos para casa correndo, para arrumar tudo e ir para o aeroporto. Conseguimos passagens para Brasília com a ajuda de amigos e saímos correndo para o aeroporto. Fomos eu, Nanan, minha mãe, Mari e Pedro, e o Miguel ficaou para dar suporte para as crianças. Não fiz uma mochila, pois desde o dia anterior eu não voltava para casa, então, o Miguel mesmo pegou um par de calcinhas, uma blusa de frio, escova de dente e assim fui para Brasília, em busca do meu pai.

O avião que pegamos tinha uma televisão individual em cada assento e foi assim que fomos vendo, ao mesmo tempo em que voávamos para Brasília, meu pai voando pela primeira vez depois da cirurgia em um avião da força aérea... E também ficamos sabendo que meu pai tinha passado mal de pressão alta, e não sabíamos o que fazer... Quando tento voltar a esse momento, sinto quase como se estivesse anestesiada, como que fora de mim, porque a dor era enorme, a angústia, a falta de ar, mas ainda assim eu conseguia dar meus passos, respirar, tentar comer algo.

Sem dúvida, quem estava mais forte nesse momento era minha mãe, que segurava sua mochilinha ilustrada, com olhar firme e mãos fortes não soltava uma lágrima, estava sempre de pé, quase que armada para a guerra, e conseguia ainda enxugar as minhas lágrimas quando não conseguiam deixar de cair.

Já em Brasília fui recebida por uma amiga querida, amiga de infância, que morava lá e que foi buscar-nos no aeroporto com seu bebê recém-nascido, de menos de três meses no colo. Eu não conhecia ainda seu filho e chorei ao ver a ironia da vida, que me permitia conhecer aquele amor em forma de pessoa em uma situação de tanta dor. Já em sua casa, pudemos nos recompor um pouco e decidimos que precisávamos tentar o que fosse possível para verificar como estava a saúde do meu pai.

Conseguimos, então, falar com um médico cardiologista que aceitou ir para a Papuda ver as condições do meu pai. E assim, acionamos os advogados para que eles fizessem o pedido desta entrada urgente de um médico indicado pela família. Ainda estávamos com a sombra da dúvida dos horários dos remédios, a crise de pressão alta, sem saber se os remédios estavam sendo tomados pelo meu pai em uma situação de tanto stress. Assim, sabendo que a direção do presídio tinha autorizado a entrada do médico, fomos até a casa dele, e depois dali o levamos ao presídio. O carro dele entrou e nós ficamos do lado de fora, eu, meus irmãos e meu cunhado; conseguimos convencer minha mãe a ficar na casa de minha amiga, descansando.

Aquelas horas que passamos dentro do carro, do lado de fora de um presídio, foram marcadas por conversas fúteis que buscavam fugir da realidade que tínhamos em frente. Ficamos ali bem quietos, pois vimos um carro da Globo do lado de fora... Em muitos momentos, eu olhava para o breu onde deveriam estar os prédios da penitenciária e pensava: "Papai, estou aqui, você consegue perceber isso?". Era quase a mesma coisa que fiz quando cheguei no hospital e encontrei meu pai em coma, apenas alguns meses atrás... E o que me destruía por dentro era essa angústia, tentando entender porque a vida estava colocando tantos muros e tantas dificuldades na relação entre eu e meu pai tão amado.

Depois de não sei quanto tempo, o médico saiu do presídio e fomos levá-lo até sua casa. Lá ele nos disse que meu pai estava bem cansado, que tinha comido mal, mas que o estado geral era estável, a pressão estava controlada, mas inspirava cuidados. Pedimos, então, que ele fizesse um informe médico para que, assim, continuássemos lutando em nossa argumentação de que meu pai tinha direito, por sua saúde, à prisão domiciliar.

Apenas no dia seguinte consegui escrever algo no Facebook para dar notícias aos amigos e para, de alguma forma, buscar um caminho onde as pessoas soubessem o que estava acontecendo e, talvez, pudessem nos ajudar. De manhã, escrevi a primeira postagem:

17 de novembro

Amigos e amigas da família Genoino, até agora não tive forças para escrever algo aqui, e se agora o faço é porque recebi muito carinho de todos e não podia deixar de compartilhar a REALIDADE, *e não aquilo que a mídia quer que todos pensem.*

1) Meu pai saiu de São Paulo, entrou pela primeira vez em um avião desde sua cirurgia, teve de fazer escala em Belo Horizonte e passou mal da pressão antes de chegar em Brasília.

2) Diante da situação, nós, SUA FAMÍLIA, que estamos aqui em Brasília, fizemos a solicitação à Polícia Federal de que um médico DE NOSSA CONFIANÇA pudesse ver meu pai. Esse pedido foi aceito.

3) Segundo o médico, meu pai está, de certa forma, tranquilo, mas está muito cansado e isso NOS PREOCUPA BASTANTE. Ele precisa tomar muitos remédios, fazer controle sanguíneo e seguir uma dieta alimentar específica para sua condição. Meu pai ainda está com uma alteração no nível de coagulação do sangue e isso precisa ser minuciosamente acompanhado.

LUTAMOS PELA CONCESSÃO DA PRISÃO DOMICILIAR. Meu pai precisa de cuidados e dentro do horror que estamos vivendo, essa é a nossa luta, para que dentro de sua condenação ele tenha os cuidados médicos de que precisa!

Pessoal, saibam que cada palavra, cada mensagem, cada desejo de solidariedade constitui a nossa força para superar o que estamos vivendo. Estou muito, muito triste, e muito, muito cansada, mas de alguma forma tenho encontrado forças para seguir. Estivemos por quase três horas dentro de um carro, no portão de um PRESÍDEO, aguardando as notícias do médico. E digo que não há como descrever o que é olhar para além dos muros, saber que seu pai está ali, do lado de lá, e saber que você "não está autorizada a falar com ele". Ainda bem que para algumas formas de comunicação, não existe Barbosa no mundo que poderá proibir.

Depois de um dia infernal, com meu pai em regime fechado, em uma prisão federal sem estrutura para sua condição de saúde, à noite postei mais uma mensagem desesperada.

A situação é grave

17 de novembro

A família denuncia que Genoino:
- Está trancado em uma cela o dia inteiro, sendo que seu direito é estar em um regime semiaberto.
- Passou os últimos dois dias comendo alimentação de péssima qualidade.
- Ficou tomando água de torneira até que José Dirceu e Delúbio Soares solicitassem água mineral.
- Recebeu alimentação não balanceada às 16h30 e não receberá NENHUMA ALIMENTAÇÃO até o dia seguinte.
NÃO PEDIMOS PRIVILÉGIO, PEDIMOS DIGNIDADE!

A cada postagem que fazia, eu recebia muitas mensagens de apoio, de indignação, de luta, de vontade de ajudar, mas a maioria era de impotência. Sentíamo-nos impotentes e não aguentávamos mais aquela sensação de que algo muito grave estava acontecendo e nada poderia ser feito quanto a isso. Meu pai tinha sido preso em um feriado, tudo pôde acontecer nesse dia, mas depois, em um domingo, nada mais podia ser feito, não dava para enviá-lo à prisão referente ao regime semiaberto, não era possível mandar a algum juiz o pedido de domiciliar, não podíamos mandar comida, nada.

Nesse domingo, 17 de novembro, nos sentimos muito, muito sozinhos e apenas conseguimos resistir graças ao carinho da minha amiga e de sua família, que nos recebeu, e aos telefonemas de pessoas queridas que mostravam estar conosco, preparados para nos ouvir, e divulgar o que estava acontecendo.

Percebi que não era possível voltar para São Paulo e tive de ligar para as crianças e comunicar o primeiro adiamento do meu retorno.

No dia seguinte, em meio a telefonemas, petições, desespero, escrevi mais algumas notícias aos amigos...

18 de novembro

Amigos e amigas.

Hoje está sendo um dia difícil para a família, pois a cada dia que passa sem que alguma providência seja tomada, a saúde do meu pai se agrava. Estamos preparados para lutar até o fim e não iremos nos calar, nem hoje, nem nunca, e apenas contamos com vocês para nos ajudar nessa saga, que atualmente não é mais por justiça e, sim, por dignidade humana.

Meu pai precisa de cuidados, amanhã PRECISA fazer um exame de sangue e não pode ficar sem se alimentar corretamente. Meu pai não vai abaixar o braço, não vai fraquejar, e ainda que nos custe, nós também não. Esperamos que outras pessoas que têm voz pública e política falem e nos ajudem, pois se a vida de meu pai sempre foi dedicada à política, que possamos garantir que a política não tire a vida dele.

Primeiro reencontro

Na quarta-feira dessa semana tão sofrida e triste, publiquei a seguinte postagem:

20 de novembro

Amigos e amigas.

Sei que a sensação geral melhorou e que parece que existe uma esperança maior de que venha a domiciliar, mas peço do fundo do meu coração, em nome de todo o carinho e ajuda que têm enviado a mim e à minha família, que sigam na corrente positiva de pensamentos, orações, pedidos e compartilhamentos.

Nesse momento, meu pai continua preso, com a saúde que se fragiliza a cada dia que passa naquele lugar, e em meio a uma imprensa que denuncia nossa visita com uma veemência que não aparece quando relatam, e não denunciam, todas as irregularidades que têm sido cometidas contra meu pai.

O que posso dizer a vocês é que o relato dele, de Dirceu e Delúbio é de um grande carinho e respeito dos presos com eles, até mesmo o lençol que meu pai usa agora foi oferecido por um detento, porque não podíamos mandar nada a ele.

De possibilidades e esperanças se fala muito, mas a realidade é que mais um dia começa sem que eu tenha meu pai bem cuidado dentro de sua casa.

A sensação era de que algo tinha melhorado, pois um laudo do IML - o primeiro laudo oficial que aparecia -, atestava aquilo que dizíamos, que a saúde do meu pai era frágil e que ele necessitava de atenção especial. Mas, ainda assim, nada mudava, e o relator continuava sem tomar providências quanto ao caso do meu pai. Um dia, em uma atitude desesperada de quem não sabia mais o que fazer, e depois de um segundo adiamento da volta a São Paulo, fomos eu, minha mãe e meu irmão para a porta da Papuda, onde companheiros guerreiros estavam acampados em solidariedade aos presos políticos do PT. Ficamos lá, recebemos abraços e carinho, e fomos fotografados pela imprensa que ali se apertava, mas nenhum dos jornalistas se atreveram a nos dirigir uma pergunta... Nosso olhar talvez dissesse tudo.

Divulgando e gritando pela saúde do meu pai, conseguimos autorização para vê-lo. A expectativa era enorme, e quando pudemos, por fim, encontrá-lo, a situação parecia algo bastante surreal, bastante sofrida, bastante fora de uma realidade que se pudesse compreender. Entramos em uma sala de visitas onde já se encontrava o Eduardo Suplicy, um dos políticos que nos telefonou no domingo e quase que o primeiro a atender minha súplica por algum apoio ao meu pai. Nunca esquecerei desse gesto do Suplicy, que comprou na livraria do aeroporto alguns livros e foi direto à Papuda, dar um abraço no meu pai e nos companheiros.

Lembro que a primeira pessoa que vi foi o Zé Dirceu, e depois, sentado mais para trás, estava meu pai. Corremos em sua direção, gritando, chorando, e ele chorou muito também. Seus olhos estavam, além de marejados, bastante arregalados e quase que em alerta... já parecia mais magro e ainda que eu procurasse algo que me confortasse, para onde eu olhava eu via uma saúde que se deteriorava. O Dirceu pareceu adivinhar meus pensamentos, porque olhou para mim e disse: "Fica tranquila, estamos cuidando dele. Mas não dá para ele ficar aqui". Tanto ele quanto o Delúbio não estavam preocupados consigo mesmos, estavam concentrados em ajudar meu pai, em fazer o possível para cuidar de sua saúde, e por essa atitude serei sempre grata.

Nossa visita foi rapidamente denunciada pela imprensa quando descobriram que tínhamos estado lá. Aproveitaram para falar com familiares de presos, familiares de seres humanos que eles sempre mostram desprezo ao longo de suas edições, mas que agora queriam ouvir para atender aos seus objetivos mais sórdidos: fazer do nosso encontro familiar um escândalo. Não deixamos que aquelas palavras entrassem dentro de nós; ninguém se preocupou em denunciar a exceção que era esse trâmite de retirar uma pessoa de sua cidade de origem, ou de mandar prender sem a papelada necessária, ou tantas outras barbaridades que cometiam, mas termos ido ver meu pai para nos certificar de como ele estava, era colocado como um crime, algo a ser combatido. Que tristeza.

Domiciliar na base da pressão. Pressão alta, taxa de coagulação desregulada, uma vida em jogo

No dia 21 de novembro, uma quinta-feira, e depois de meu terceiro cancelamento da volta a São Paulo, o que mais temíamos aconteceu: a saúde do meu pai se deteriorou de maneira alarmante e mesmo sem a autorização do relator, que permanecia convenientemente calado diante dos laudos e da situação do meu pai, a própria direção da Papuda decidiu levar meu pai ao hospital.

Fomos correndo para lá e, como sempre, a mídia foi avisada antes que a própria família, e já estava a postos, para nos atormentar. Entramos no hospital e ficamos sabendo do estado grave do meu pai, já que estava com pressão alta e o nível de coagulação do sangue altamente desregulado, com o sangue muito, muito "fino", ou seja, correndo um risco enorme de sofrer uma hemorragia. O médico foi bastante claro conosco: os remédios são importantes, mas a alimentação é igualmente importante. E vimos, então, que o resultado de seis dias no presídio tinha sido mais que suficiente para deixar meu pai em uma situação muito complicada.

Lembro como se fosse ontem que, no meio de tudo isso, acalentamos a esperança de que, agora, a autorização para a domiciliar era inevitável. Ledo engano. Em vez disso, o relator concedia a prisão domiciliar provisória e solicitava um novo laudo, por médicos indicados por ele, para que atestassem sobre o estado do meu pai possibilitando uma decisão sobre a prisão domiciliar. Quando o advogado ligou para minha mãe e falou sobre isso, minha mãe baixou os olhos e me disse: ele pediu um laudo.

Eu agachei na sala onde estávamos e comecei a gritar e a chorar. Nunca chorei daquela forma, nem quando soube que meu pai estava em estado grave, nunca gritei daquele jeito, nem quando estava sem saber se meu pai estava vivo ou morto. Porque aquele choro, aquele grito não era algo que vinha da tristeza, da angústia, vinha disso tudo junto com a raiva e com a impotência. E com a injustiça, a dor da injustiça. Essa palavra, tão simples, mas tão grande, que vinha nos atormentando há tantos anos, agora mostrava sua cara mais cruel, mais insensata, mais fria, e mais torturadora. Eu apenas gritava: "Ele quer matar meu pai, ele vai matar meu pai!".

Não lembro bem quanto tempo durou aquilo, mas sei que não foi muito. Agradeço até hoje a paciência e a coragem de minha mãe, por ter aguentado estar ao meu lado naquele momento - estávamos só nós duas naquela hora, junto com uma conhecida que se tornaria grande amiga da família. Minha mãe não se desesperou, não se angustiou, não gritou comigo, não me pressionou... Ela apenas segurou minha mãe entre as suas, e esperou, esperou com calma que aquilo passasse, talvez porque soubesse que eu precisava colocar aquilo para fora.

Quando parei de chorar e gritar, ela me disse... "Mimi, lembra que a gente combinou de resolver as coisas, uma de cada vez? Hoje a gente conseguiu trazer seu pai para o hospital. Ele está aqui, vamos cuidar dele. Ele está com a prisão domiciliar provisória, vamos resolver isso. E a gente vai continuar lutando, Mimi, até que a gente tenha ele de novo. Vamos lá!".

No momento em que entrei no quarto do meu pai, quarto escoltado por quatro agentes do sistema prisional de Brasília, eu não podia deixar ele perceber o que tinha acontecido comigo alguns minutos antes, então eu sorri, o abracei, e começamos a querer saber o que fazer para ele melhorar.

Era hora de anunciar, pela quarta vez, aos meus filhos que eu não poderia voltar para São Paulo. Desta vez, a notícia era mais complicada, pois o aniversário de sete anos da Paulinha se aproximava e a festa que ela tanto esperava, a festa do pijama com seis amigas, teria de ser desmarcada... Optamos por trazê-los para

Brasília, e ainda que tivéssemos prometido que faríamos uma celebração, minha filha sabia perfeitamente que estava perdendo um momento tão esperado em sua pequena grande vida. Para meu filho, a tristeza também foi grande, pois ele perderia a apresentação de final de ano da escola de música, algo pelo qual se preparava e esperava há bastante tempo...

Mas meus filhos embarcaram junto com meu marido e vieram, vieram até nós.

Volto muitas vezes naquele momento e naquela decisão e agora, mais de um ano depois, posso dizer, que em parte, me arrependo de ter feito todo esse malabarismo, de não ter voltado para casa, de ter feito eles virem até nós. Mas meu arrependimento dura pouco, porque sei que se voltasse no tempo, eu faria exatamente a mesma coisa, afinal, a situação de saúde do meu pai era delicada e o trauma de quase tê-lo perdido sem me despedir ainda era forte demais para conseguir me afastar, com ele internado.

Hoje, já sabendo que, depois, a Paulinha pôde, no ano seguinte, cumprir seu sonho da festa do pijama, e que meu filho pôde participar do evento de final de outro ano, na escola, eles pouco falam sobre isso. Mas meu coração vai sempre carregar essa lembrança, de um momento muito duro em que eu me debatia entre meu amor de mãe e meu desespero de filha.

Eles chegaram, minha mãe ficou com meu pai no hospital e fomos levar as crianças para tomar um sorvete. Era o dia em que minha filhota completava sete anos, e no meio dos presentes dos tios, e depois com o carinho especial da minha amiga querida que nos hospedava em sua casa (cuja filha mais velha adora a Paulinha), o ambiente foi se enchendo de risos e alegria, pela primeira vez, desde nossa chegada à Brasília.

No dia seguinte, consegui escrever aos amigos...

Nessas notícias vocês podem confiar!

23 de novembro

É o que me disse uma grande amiga e é isso mesmo, gente, vocês não podem imaginar como essa grande imprensa mente de forma deslavada! A situação é a seguinte:

- Meu pai está internado no hospital, tentando ajustar o nível de coagulação que, graças aos dias na cadeia SEM alimentação adequada, chegou a níveis alarmantes.

- A pressão dele continua instável, ora alta, ora baixa, e isso representa um risco enorme, pois pode repetir o problema ocorrido em julho.

- Diante disso, tudo passará por uma junta médica que fará o quinto laudo sobre a sua saúde! Quinto! Realmente, nesse ponto, ainda faltam informações para o STF sobre saúde de meu pai.

Se estamos tranquilos? Não, nem um pouco. Estamos de novo com meu pai internado em um hospital ao qual chegou por culpa desse sistema todo, onde apenas o que importa é informar a Rede Globo e criar espetáculo.

MEU PAI AINDA NÃO TEM A DOMICILIAR e sua ida a São Paulo é algo que vemos ainda como algo longe, longe e incerto. Por certo, não acreditem mesmo em nada. Dirceu e Delúbio continuam em regime fechado, em celas o dia inteiro, tal qual esteve meu pai. A ilegalidade não tem fim! Mas nossa força para lutar e denunciar também não!

As visitas ao hospital eram muito estressantes, pois a imprensa estava sempre do lado de fora e nos abordava de forma muito agressiva, o que já tinha gerado um pânico por parte da minha irmã. Meu irmão era o mais forte e, mesmo sendo meu caçula amado, não tenho vergonha em dizer que, algumas vezes, saí do hospital agarrada e encolhendo-me nos braços dele.

Já no terceiro dia do meu pai no hospital, recebemos a notícia de que a junta médica indicada pelo relator iria ver meu pai. Terceiro dia dele no hospital. Terceiro. Terceiro dia medicado e atendido, e com alimentação balanceada. Bem, e tudo começou mal, muito mal, porque os médicos chegaram antes do horário combinado e, com isso, sem o advogado de meu pai presente... Aquilo nos pareceu muito estranho e pedimos que eles viessem apenas quando estivéssemos acompanhados. Os médicos foram atenciosos dentro do que cabia, olharam, conversaram e observaram, e se foram.

Neste mesmo dia, na casa de minha amiga querida de infância, fizemos uma festa para a Paulinha. A casa estava toda adornada com bexigas e enfeites, a mesa do bolo era linda e alguns conhecidos próximos de Brasília foram até lá para nos apoiar. Eu entrei na casa tão colorida segurando a mão da Paulinha, que vestia um vestido comprado de última hora pela minha irmã querida, com todos os sentimentos do mundo dentro de mim... Ali estava eu, com meus filhos longe de casa, com meu pai internado, sem saber o que esperar, tentando cantar parabéns para minha filhota... Foi tudo muito difícil, mas infinitamente generoso por parte de todos os que estavam ali.

Muitas vezes, me pego pensando nessa rede oculta aos olhos do grande público, mas tão clara e firme para nós, que foi nos segurando durante todo esse tempo, essa rede de amigos e amigas, essa rede que começou com o suco de limão e queijadinha e só foi aumentando, e uma rede que foi determinante para que meus filhos conseguissem continuar sentindo carinhos e vendo sorrisos, mesmo quando tudo estava o pior possível.

No dia seguinte, 24 de novembro, meu pai foi liberado do hospital com a medicação ajustada e recomendações bem claras da nutricionista. Estava em regime domiciliar provisório, e apesar de ser algo muito frágil, nos dava um pequeno caminho para respirar.

Como meu pai estava impossibilitado de voltar para São Paulo sem que existisse qualquer justificativa para isso (até hoje seguimos sem entender isso) tivemos que tomar a decisão de onde ele iria enquanto aguardava os próximos passos.

Minha irmã morava em Brasília com o noivo, em um pequeno apartamento de 50 metros quadrados (e não em um duplex como se noticiou) em uma cidade satélite, e ao estar em um condomínio muito movimentado, e pelas próprias dimensões do imóvel e o fato dela e Pedro trabalharem o dia inteiro, acabamos optando por aceitar uma das ofertas mais generosas que já presenciei na nossa história aqui, que foi meu pai se alojar na casa dos pais do meu cunhado, um casal que estará sempre com um lugar marcado em nosso coração.

A mídia demorou muito tempo para descobrir e nós achamos bem bom, porque queríamos ter um pouco de paz, tanto para meu pai, quanto para a família especial que o recebeu com tanto carinho em sua casa. Ainda assim, a Mari sofreu bastante com o boato de que meu pai estaria alojado lá, pois a mídia chegou a ir para o apartamento deles, e até um evento (falido) do Facebook de protesto apareceu. Foram momentos duros para ela, mas todos sabíamos que era importante não falar nada, deixar que todos acreditassem que Genoino estava em um lugar diferente de onde estava, realmente.

Um pouco depois dessas primeiras mobilizações, sofremos duas derrotas terríveis: um parecer nada favorável da Câmara dos Deputados sobre a condição de saúde do meu pai, por conta do pedido de aposentadoria integral, e outro parecer, ainda pior, feito pela junta médica nomeada pelo relator do STF, dizendo que meu pai estava estável, e que apenas precisaria controlar situações de stress. Não mencionavam nenhuma vez que tinham examinado meu pai dentro de um hospital, depois de dois dias medicado. Nem levaram em consideração o estado dele quando chegou ao hospital. Vimos ali que eram apenas cartas marcadas, nada além disso.

A situação se complicava, não sabíamos o que viria pela frente, mas de alguma forma era necessário seguir em frente. Eu, com dois filhos ainda atordoados com tudo o que acontecia, precisava me reerguer, ainda que muitas vezes me parecesse quase impossível. Eu pensava no meu pai todas as horas, a qualquer momento, e sentia como se um pedaço do meu coração estivesse cortado. Eu não conseguia sorrir, e pela primeira vez, nem mesmo na escola, com meus alunos, eu conseguia dar muitas risadas. Ficava sempre com o cabelo preso, e no pescoço, usava um colar com um anel do meu pai... Era como se precisasse demonstrar por fora o horror que estava vivendo por dentro. Confesso que hoje olho e sinto que exagerei. Mas, de novo, eu estava muito mal, e foi o que pude fazer naquele momento.

Vivíamos dias nos quais o mundo se preparava para celebrar o final do ano. Festas de trabalho, confraternizações, amigos secretos, planos de viagens e tudo o que a gente tinha pela frente era um nada enorme, sem saber por onde seguir. Foi só depois de ser lembrada pelo Luismi que finalmente consegui montar nossa pequena árvore de Natal... Eu sentia como se estivesse fazendo algo errado, preparando algo bonito enquanto meu mundo estava caindo... Meu sentimento era de uma permanente revolta, uma tristeza imensa, do tamanho do mundo, com toda a injustiça que tínhamos vivido. Eu sonhava com pedacinhos da minha vida, da nossa vida, de todas as palavras e gestos éticos e honestos do meu pai, de toda a sua verdade, de tudo o que ele fez e lutou para tentar construir um Brasil diferente, e isso só me fazia afundar mais, porque não conseguia entender que futuro eu poderia esperar onde o presente tratava assim uma pessoa como ele.

E eu sentia muita falta da minha mãe. Muita.

Minha mãe não derramou uma lágrima. Esteve apenas um dia à beira do descontrole quando soubemos que a vida do meu pai estava em perigo, mas depois respirou fundo e superou. Foi resignada à Brasília, mesmo sem ter levado uma mala decente de roupas, apenas sua mochila ilustrada. E foi por isso que escrevi um texto em que colocava um pouco com as minhas palavras (sempre elas, as palavras) o que minha mãe significava para todos nós.

A dona da mochila ilustrada

O sinal indicando que o telefone estava chamando tocou uma, duas, três vezes. No quarto toque, a voz dela:

- Alô?

- Mamãe, é a Mimi, o que aconteceu com o papai?

- Calma, Mimi, está tudo bem. Fique aí, fique tranquila, ele passou mal, mas está sendo cuidado. Ele está bem.

Ele não estava bem. Mas ela não sabia. Ele, é claro, meu pai, ela, essa mulher indescritível, Rioco Kayano, minha mãe. Foi ela que ficou ao lado do meu pai durante as 15 horas que separaram a primeira dor da dissecção da aorta, da entrada para o centro cirúrgico. Foi ela que sentou como pôde do lado dele na ambulância, na cadeira lateral onde seus pés encaixavam como dava, aguentando firmemente com a força de seu olhar todo o trajeto de subida da serra de Taubaté, rumo a São Paulo. Foi ela que, quando soube que era grave, muito grave o que meu pai tinha, conseguiu tirar forças de não sei onde para me dizer: "Mimi, acredite no seu pai, ele vai aguentar. Se você aguentar, ele vai aguentar".

Ele aguentou.

Era uma mochila toda ilustrada com mapas. Nem pequena, nem grande, mas leve, fácil de carregar. Estava assim de ladinho no ombro dela, encostando na camisa polo laranja. A mão que segurava a mochila era pequena, mas forte, firme. Veio descendo, descendo, encontrou a grade e disse: "Eu me despedi do papai, ele está forte, chegou a hora, a gente se preparou para vencer essa, a gente vai vencer". Minha mãe. De novo. Na porta da Polícia Federal, em São Paulo, quando meu pai foi preso.

Daquele dia em diante, a mochila ilustrada junto com a sua dona nunca mais voltou para morar em São Paulo. Porque desde que meu Genoino pai foi preso, minha Rioco mãe está guerreira, colossal, do lado dele, segurando todas as cordas que vão arrebentando, e costurando com sua paciência e tenacidade nipo-brasileira, cada fiozinho que parece que vai se soltar. É muito difícil vê-la longe daqui, de alguma forma cumprindo prisão domiciliar junto com meu pai. É triste olhar para sua casa que agora habito, e ver suas linhas e panos solitários, sem a mão bordadeira para transformar... É desgarrador ver suas pinturas colocadas em tantas paredes da casa, sabendo que as mãos firmes da nossa baixinha não puderam nunca mais voltar ao ateliê em que ela se realizava entre telas, pincéis e cores, tantas cores.

A minha mãe é uma mulher feita de muitas cores, tantas que seria impossível descrever qual delas atrai mais as pessoas, as amigas, os colegas, as parceiras de bordado, as irmãs, seus filhos e netos. E seu marido, claro. Eu sinto muita falta da minha mãe aqui do meu lado, colocando a cor de que tanto preciso para seguir em frente, com os desafios da vida... Mas aguento esse buraco como dá, porque sei que ela é a única pessoa nesse mundo capaz de garantir a saúde de meu pai, e é por isso que não pode desgrudar dele de jeito nenhum.

Minha mãe e meu pai têm uma história que não é apenas de amor, amor intenso e verdadeiro, daquele que aguenta anos de prisão e separação, mas é também uma história de entrega total e absoluta ao outro, custe o que custar. Na história deles, não existe o "talvez", o "será", o "quem sabe". Existe o "vamos". Porque eles sempre olham para a frente.

É por isso que, mesmo sendo tão difícil a situação que vivemos, meu pai consegue se estabilizar com a presença de sua baixinha do lado. É ela que cuida de cada uma de suas refeições, não deixando ele escapar nem por um milímetro dos cuidados que ela elaborou. É ela que organiza, como pode, a ginástica diária que movimenta o corpo cansado de meu pai. É ela que consegue perceber quando alguns sinais indicam que as coisas estão mais difíceis e é preciso uma ajuda profissional. É a minha mãe que está lá, incondicionalmente, ao lado do meu pai, para que nunca mais ela tenha que ter medo de dizer aos filhos que ele vai aguentar.

Durante estes mais de 90 dias de calvário, a única vez em que fiquei com medo da reação da minha mãe, e que achei que ela não ia aguentar, foi quando soubemos, nos primeiros dias da prisão do meu pai, que ele estava passando mal, com a pressão desregulada, e não existia um tratamento adequado dentro do presídio. Naquele dia, ela gritou com lágrimas nos olhos: "Estão querendo matar o Genoino?". Foi de uma dor profunda, profunda...

Eu nunca vou esquecer daqueles olhos. Olhos de amor, de desespero, de angústia. Olhos de alguém que já aguentou de tudo, olhos de uma mulher que é capaz de escalar o mundo para cuidar e ser a companheira incansável do meu guerreiro pai.

Minha mãe está longe, longe... Não posso mais almoçar com ela, pedir que faça um udon e levar as calças do Luismi para costurar (no joelho, sempre no joelho). Ela está longe e não pode ir comigo encontrar a paz de nosso grupo de bordado. Ela está longe e não podemos ser eu e ela, mãe e filha, plenamente. Sofro demais, mas sei que ela está longe porque está perto, pertinho, grudada, no "Gê" dela, pronta para segurar todas as angústias, firme para dar todos os suportes, forte para ser o ponto de apoio de um homem que, se não sucumbiu até agora, é também porque sabe que tem o apoio de uma mulher única, especial para além dos limites do possível, que estará sempre ao seu lado. E que sempre acredita que ele vai aguentar.

Mamãe, eu te amo muito. Mesmo.

Eu e Nanan ficamos em São Paulo, claro, tentando seguir em frente, meus pais em Brasília com a preciosa companhia da Mariana e do Pedro. Uma das pouquíssimas consequências positivas de termos vivido isso foi que a vida nos deu a chance de nos aproximarmos totalmente e profundamente da Mari... Meu pai e ela, por fim, puderam conviver como pai e filha, com dia a dia, conversas, um acompanhamento da vida de cada um.

No final do ano, meus pais carregaram uma esperança de que seria possível voltar a São Paulo e quase adiamos nossa ida natalina para Brasília, mas diante da falta de notícias, fomos todos para lá. Eu estava de férias junto com as crianças e fui sem saber quando voltaria, mas disposta a estar com meu pai, de corpo e alma, para o que fosse necessário. Eles ainda estavam na casa da família do Pedro e ficamos – durante esses dias de festas e celebrações – apreensivos, mas fazendo à nossa maneira nossos pequenos momentos de alegria, necessários ao termos duas crianças por perto.

No dia 27 de dezembro, estávamos todos preparando um jantarzinho mexicano para o Miguel, pois era seu aniversário, e quando estávamos já com a mesa preparada, recebemos a notícia de que o relator da Ação Penal 470 tinha negado o pedido do meu pai. Não permitiu sua ida para São Paulo e alegou que, provavelmente, ele iria para a penitenciária da Papuda no final de fevereiro, quando acabasse a sua prisão domiciliar temporária. Foi um choque. Mais um. Um choque. Eu consigo ver perfeitamente a imagem de cada uma das palavras daquela decisão, quase como se eu tivesse uma fotografia na minha frente, uma fotografia bem nítida. Foram poucas as papeladas judiciais que li, mas essa eu quis ler, porque meu pai já estava desnorteado, e eu queria entender... O que ficou gravado dentro de mim foi a crueldade com a qual cada letra, cada palavra foi escrita; a negação da volta à São Paulo, a ameaça de voltar para um presídio onde meu pai piorou tanto seu estado de saúde, a frieza da negação do seu estado de saúde.

Todo esse processo foi duro, mas a maior ferida de todas, a ferida que nunca cicatrizará, é aquela causada pela revolta e indignação por terem conseguido, mídia e pessoas covardes, colocar em dúvida a real condição de saúde do meu pai. Quem dera ele nunca tivesse tido a dissecção da aorta. Estaria sem a domiciliar, sem nós, mas estaria com o coração forte. Quem dera ele não necessitasse de cuidados médicos por conta da coagulação de seu sangue; ele estaria comendo mal, mas não teria a ameaça de um AVC. Quem dera não tivéssemos que passar por juntas médicas, que olhavam meu pai como um enganador de sua própria condição de saúde.

Tínhamos sofrido tanto por sua situação, pela cirurgia, pela ameaça de quase ter morrido. E agora se questionava publicamente a veracidade deste nosso calvário, em um ambiente de impotência impossível de descrever.

Mas, uma vez mais, não nos restava opção, precisávamos respirar fundo e seguir em frente. A estadia em Brasília se prolongava por tempo indeterminado e tanto meu pai quanto minha mãe conseguiram, apesar de tudo, levantar e abraçar o Miguel com um sorriso naquela noite e cantar "parabéns a você".

Com a decisão do relator tomada, precisávamos encontrar uma estadia menos provisória para meu pai. A generosidade da família do Pedro era infinita, mas era preciso devolver o espaço daquelas pessoas queridas, e buscar um espaço para meu pai e minha mãe. Isso tirou o sono dele, o deixava inquieto, ele só pensava nisso dia e noite, para onde vou, para onde vamos, o que fazer, em meio a uma época do ano em que tudo começa a parar em todas as partes. Passamos de 2013 para 2014 com essa angústia, e ainda que tivesse sido um réveillon amargo, consegui escrever palavras com alguma esperança...

Aos meus queridos amigos e amigas, que nos acompanharam em nossa jornada de 2013.

Nos muitos abraços e beijos que eu e minha família recebemos, especialmente no último mês, a maior parte das mensagens nos transmitiu: "Que 2014 seja mais leve que 2013", "Que em 2014 vocês encontrem um pouco de paz", "Que no próximo ano você e sua família tenham uma vida mais tranquila", o que me fez pensar em como ficou claro para todos que nos amam, o quanto esse ano cujos dois dígitos formam um número tão especial e importante para nós, foi um ano especialmente cansativo. E duro, muito duro. Mas nessa minha mensagem para desejar um feliz Ano Novo, não quero relembrar o que tivemos de duro e injusto, que não foi pouco. Quero agradecer ao ano que termina porque 2013, para todos da família Genoino, foi o ano da solidariedade e da generosidade. Em nome de todos os pequenos e grandes gestos que vivenciamos nos últimos meses, é preciso dizer muito obrigada. Para você, que votou em Genoino 1313 e se orgulhou quando ele assumiu seu mandato na Câmara dos Deputados, e que esteve próximo de seu mandato, participando de conversas e discussões, meu muito obrigada. Para você, que encontrou com meu querido pai na rua, na feira, no sacolão, no Violeta, no sapateiro, em tantos lugares, e foi até ele dar um abraço carinhoso de apoio e respeito, meu muito obrigada. A você, que sofreu conosco quando no dia 24 de julho o coração Genoino parou momentaneamente para que, mantendo a circulação sanguínea em uma máquina, pudesse ter seu gravíssimo problema corrigido, obrigada... E a você que rezou, pediu, acompanhou a recuperação ainda não concluída de meu pai, e a vocês, que cuidaram, costuraram, preparam, enxugaram, medicaram meu pai, muito obrigada. Obrigada.

Para você que nos ajudou de formas tão infinitas e variadas desde aquele dia 15 de novembro, telefonando, publicando em redes sociais, manifestando indignação, indo conosco até a Polícia Federal, gritando a plenos pulmões o seu apoio ao guerreiro, meu muito obrigada. Obrigada a você que trocou sua foto de perfil por uma de meu pai, que publicou no Facebook sem medo de aguentar discussões e comentários alheios, que curtiu minhas postagens e enviou palavras carinhosas por meio dos comentários... Obrigada, de coração. Foram tantos e infinitos gestos, desde ajudar a cuidar de meus preciosos filhos, acampar em frente ao presídio e no STF, escrever um artigo verdadeiro e cheio de beleza, providenciar uma comida gostosa para a família, levar um bolo quentinho quando tudo parecia desmoronar, que o obrigado parece pequeno, pequeno demais.

Hoje, não vou chorar por 2013 e suas injustiças, hoje, se eu chorar, o que é muito provável, vai ser de alegria, porque neste ano nós encontramos a verdadeira essência do ser humano: a capacidade

real e autêntica de saber construir formas tão únicas e especiais de dar diferentes significados à palavra SOLIDARIEDADE.
Feliz 2014 a todos!
Miruna Genoino

Assim que 2014 teve início, nós começamos a saga, eu e meus irmãos, em busca de um lugar para meus pais ficarem... Não sabíamos como procurar um lugar, pois estávamos com medo da reação do proprietário de qualquer imóvel quando soubesse que José Genoino ficaria lá cumprindo prisão domiciliar; olhávamos casas pensando se a pessoa parecia mais aberta, menos conservadora, mas não existia uma forma clara de encontrar essa resposta. Eu encontrava meu pai mostrando força, depois, ia correndo para a casa de minha amiga de infância, chorar escondida de desespero.

Em um desses dias em que estávamos praticamente estancados, sem saber como encontrar um lugar para ele, um amigo da família decidiu me levar a uma imobiliária e perguntar sobre imóveis. Ficamos sabendo que existia uma casa, perto de onde morava a família do Pedro, de pessoas que estavam dispostas a seguir dando um apoio em Brasília, e que estaria disponível. Fomos eu e meu amigo sem muita esperança, mas decidi ver como era o lugar. Estávamos com a chave da casa dada pela imobiliária, mas quando chegamos, o proprietário estava lá e decidiu nos mostrar o lugar.

Passamos pelo quintal e quando entramos na casa, tirei meus óculos escuros e foi então que ele, o proprietário, me olhou. Parou, e me olhou de novo. Estávamos vendo um banheiro, eu lembro perfeitamente, e ele me disse:

- Você é a filha do Genoino?

- Sou.

E ele começou a chorar. Respirou fundo, abaixou a cabeça e começou a chorar e me deu um abraço profundo dizendo:

- Que emoção, eu admiro muito o seu pai.

Foi um presente. Um presente divino, da vida, um presente de esperança, um presente. Foi inacreditável encontrar no meio de todo aquele stress uma casa tão legal, com um dono admirador do meu pai e disposto a nos ajudar. Estava decidido, então, o lugar onde meu pai ficaria. Quando liguei para ele avisando, eu disse:

- Papai, você conseguiu a casa, foi você que conseguiu, foi por você.

Eu sei que ele carrega até hoje a força desse momento, em que no meio de tanta coisa ruim encontramos uma prova de que – mesmo contra tudo e todos, contra todas as capas e todas as manchetes –, ainda existem pessoas que sabem que nossa história é outra...

Às pressas, organizamos a mudança para a casa nova, comprando do jeito que dava algumas coisas, e recebendo doações dos amigos queridos, a Mari e o Pedro separando o que podiam levar da casa deles para lá. Minha mãe foi correndo para São Paulo preparar uma mala decente de roupas e o Miguel, também em São Paulo, começou a fazer a nossa mudança... Diante dos gastos de outra casa em Brasília, com meu irmão sozinho na casa dos meus pais, decidimos ir com as crianças morar com ele. Eram várias mudanças ao mesmo tempo, uma correria, muita coisa acontecendo junto, mas ninguém tinha muito tempo de pensar, apenas tinha tempo de fazer o que era preciso.

Nós mudamos para a nova casa, meu pai chegando no carro do pai do Pedro escondido embaixo de um cobertor. Por quê? Por causa da imprensa, é claro, que nesse momento descobriu onde ele estava, que não era a casa da Mari, e que poderia de novo fazer todos o alarde sensacionalista e cruel que faziam conosco nos piores momentos. Mudança feita, meu irmão teve que voltar a São Paulo e eu fiquei com as crianças, pois ainda estava em férias e poderia ajudar nesse recomeço cheio de incertezas.

Pouco tempo depois que meu pai se mudou, começou a ficar mal, muito mal. Foram dias terríveis, cheios de dúvidas e angústias de minha parte e de minha mãe, que víamos nitidamente um homem íntegro se esfacelando por dentro, com o peso da injustiça e da tortura mental. A sombra do aviso do então relator, de que ele voltaria para a Papuda, junto com a incerteza de seu estado de saúde deixava o panorama quase desolador. Recebíamos o advogado e não sabíamos se era para rir, chorar ou gritar, não sabíamos o que esperar, nem ele.

Quando o estado anímico do meu pai atingiu níveis insuportáveis para ele e, consequentemente, para nós, decidimos ir atrás de ajuda. Decidimos procurar médicos que o examinassem e nos ajudassem a preparar a papelada necessária para nossa luta em defesa da prisão domiciliar permanente. Cardiologista, nutricionista, psicóloga... fomos atrás de tudo, em uma cidade que nem eu nem minha mãe conhecíamos, e que, por isso, parecia nos levar a um caminho no escuro.

Eu evitava sair de casa com minha mãe, pois meu pai não estava bem para ficar sozinho. Para uma das conversas com um desses tantos médicos, tivemos que sair eu e minha mãe. Estávamos no estacionamento do consultório quando o telefone tocou e o Nanan nos informou que o relator tinha emitido um aviso de que meu pai teria que pagar a multa prevista por sua condenação, um valor de aproximadamente 478 mil reais. Foi um caos. A gente sabia que tinha de voltar logo para casa, tínhamos que falar com ele, mas não sabíamos como e o que fazer para resolver o problema. Por que agora? Por que primeiro com meu pai? O que vamos fazer? Eu não sabia mais o que pensar.

Quando cheguei em casa, escrevi uma mensagem aos amigos:

07 de janeiro

Tenho certeza de que todos aqui sabem perfeitamente que eu e minha família não temos como pagar 478 mil reais. A duras, duríssimas penas estou pagando parcelado um apartamento que vale muito menos do que isso. Meus pais moram onde moram, muitos de vocês sabem. Ainda estamos fazendo de tudo para poder ajustar nossas finanças depois da prisão. O que vão fazer conosco? Vão tomar a nossa casa?

Tudo era confuso. Meu pai estava paralisado diante da situação. Parecia que era a estocada final, porque assuntos de dinheiro e de dívida eram muito desesperadores para ele. Qual não foi nossa surpresa ao descobrirmos que, rapidamente, um site de arrecadações já tinha sido criado e que, muito rapidamente, as pessoas estavam contribuindo para ajudar meu pai a pagar a injusta multa. Meu pai ficou nervoso, angustiado e eu e minha mãe não sabíamos bem o que fazer. Quando penso naqueles dias lembro especialmente de como era difícil saber o que fazer, eram tantas opiniões, fatos desencontrados, incerteza, e, por vezes, solidão que era fácil pensar em não fazer nada.

No dia seguinte, as arrecadações continuavam a chegar de maneira tão intensa que o site travou, teve de ser interrompido, pois o servidor que fazia as cobranças passou a negar contribuições por conta das transações intensas. Eu sabia que tinha chegado o momento de agir... Eram muitas informações desencontradas e, por isso, escrevi aos amigos:

08 de janeiro

Pessoal, hoje foi um dia muito cheio de desafios, mas gostaria apenas de esclarecer algumas coisas:

Nós, da família, agradecemos imensamente a iniciativa de solidariedade e apoio para o pagamento da multa. O famoso site de arrecadação não foi feito por nós, mas não era fraude, era feito com todo o carinho para começar algo. Só parou de funcionar por questões com o servidor de cobrança.

- A multa é de 667 mil reais, porque foi reajustada. Ou seja, nossa preocupação é ainda maior.

- Estamos tentando organizar a melhor forma de arrecadar contribuições, contando com a ajuda de amigos que estão nos aconselhando e orientando. Assim que isso estiver fechado, comunico a vocês.

- Por fim, peço que continuem mandando essas energias positivas e pensamentos, desejando que as coisas vão ficar bem, um dia. Ainda que seja um dia aparentemente distante. Obrigada.

Hoje, depois de mais de um ano, não consigo recordar com exatidão como foi a decisão de arrecadar dinheiro para pagar a multa, mas o que lembro é da sensação clara de que não tínhamos escolha. A rapidez do primeiro site e a maneira como tanta gente passou a colaborar me fez ter certeza de que não existia mais uma decisão: as pessoas queriam e iam ajudar, e apenas precisávamos pensar no melhor caminho.

Rapidamente, conseguimos abrir uma conta bancária para que os depósitos fossem realizados e conseguimos ajuda dos amigos sobre os cuidados e as informações necessárias para que todo o processo fosse transparente e claro. De posse de todos os dados, decidi criar um site oficial, nosso, de arrecadação, onde daríamos todas as informações necessárias. Fiz o site sozinha, depois de colocar meus filhos para dormir, e demorei horas até conseguir finalizá-lo. Eu contava apenas com o apoio moral da minha mãe, que não entende nada de tecnologia, e pequenas consultorias de amigos próximos que acompanhavam nossa situação... Alguém que nunca esqueço neste processo foi a Débora Cruz, uma pessoa de quem nos aproximamos muito, e que não "arredou o pé" do celular até eu conseguir finalizar o site, me ajudando, me incentivando, não me deixando ficar sozinha. Às três da manhã, terminei o site e o divulguei, sabendo que tinha lançado todas as cartas, não existia mais volta.

No dia seguinte, foi como se estourasse uma bomba em cima da minha cabeça. Por um lado, as pessoas divulgando o site e tentando ajudar. Por outro lado, a mídia tentando - como sempre - tornar negativo um processo tão doloroso para nós. E o mais difícil era meu pai, que aflito com aquilo tudo, se debatia entre a necessidade de pagarmos a multa (não existiam, naqueles dias, garantias sobre as consequências de não pagar. E consenso sobre a importância de pagar) e a aflição do que aconteceria com tudo aquilo.

Eu era pressionada por todos os lados, recebia pedidos de entrevistas e ligações, inclusive da Rede Globo, que, pela primeira vez tentou ter acesso a mim, algo que bloqueei veementemente. Minha maior dor, porém, foi quando percebi que as próprias pessoas amigas que nos ajudavam não estavam certas sobre essa campanha de arrecadação. Eu sentia o peso da situação caindo sobre mim e sem saber como seguir em frente, pois tudo dependia de mim. O site, o e-mail em que as pessoas mandavam seus dados, o controle dos recebimentos, a divulgação... Era um turbilhão. Lembro exatamente da dor que senti quando um site de notícias muito coerente e que sempre tinha sido um caminho de divulgação da verdade, publicou uma matéria com o seguinte título: "Arrecadação é erro jurídico e político". E colocaram estampando a reportagem uma imagem de uma vaquinha, em alusão à arrecadação, e uma foto horrível minha, tirada em uma das idas à Papuda. No texto, chegavam a dizer que a campanha tinha sido algo imposto por mim, e que nem contava com o apoio de minha família.

Foi um choque. Neste caso, eu contava com acesso direto aos jornalistas que tinham sido responsáveis pela matéria e pude estabelecer um diálogo mostrando minha falta de compreensão sobre os motivos daquela virulência comigo, com o que estávamos fazendo. Eles se mostraram abertos ao diálogo, mas ainda hoje aquela matéria é um símbolo de tudo o que tive que passar e todas as pressões que sofri, diante de uma situação causada única e exclusivamente pela injustiça.

Minha mãe e meus irmãos sempre estiveram firmes comigo. Sempre. E conforme o site ia se mostrando um caminho seguro, fomos recebendo ajuda. Percebi que não poderia cuidar sozinha da gestão dos e-mails e escrevi a um grupo de amigos, alguns mais próximos, outros menos, pedindo que, se possível, me ajudassem. Prontamente, consegui a ajuda de que necessitava, e tive, durante os dez dias de atividade, pessoas queridas que dispuseram gratuitamente de seu tempo, para ler os e-mails, registrar as informações dos doadores, responder e apagar as ofensas, simplesmente por serem meus amigos ou por acreditarem na nossa causa. Guardarei sempre um carinho e uma gratidão sem tamanho àquelas pouco mais de dez pessoas que me deram uma fresta de alívio, de ar fresco, de solidariedade e de generosidade em momentos tão turbulentos.

Os dias foram passando e a arrecadação aumentando. No dia 09 de janeiro, tínhamos apenas 2.880,00 reais, mas, no dia 15, esse valor já tinha subido para 398.762,94 reais, para, dois dias depois, dia 17, chegar a 530.984,54 e culminar com o dia 18 de janeiro, em que anunciamos com emoção que, finalmente tínhamos alcançado o valor necessário para pagar a multa.

Durante esses dias intensos, tivemos momentos duros e incertos, mas recebemos grandes demonstrações de carinho e de força. Muitos dos e-mails continham mensagens de esperança, de força e de credibilidade à história do meu pai. No total, 2.616 pessoas contribuíram com nossa campanha, e a maior parte delas não deu mais do que 500 reais. O grosso deste número de pessoas contribuiu até com bem menos do que isso: tivemos doações de 20 reais, de 10 reais. Tivemos pessoas tirando a foto de sua doação feita em pequenas lotéricas de cidades do interior, de grandes cidades, e até gente de fora do Brasil que gostaria de contribuir, mas não podia. Foi muito emocionante, de verdade, conhecer tanta gente disposta a nos ajudar, gente que se desculpava por não poder dar mais, gente que se emocionava com nossa luta, gente que enviava a nós, e algumas vezes diretamente a mim, a força e o desejo de que nos mantivéssemos firmes.

Este livro é dedicado, sim, a estas 2.616 pessoas que contribuíram com nossa campanha de arrecadação da injusta multa, porque sem elas, tudo teria sido diferente. Depois soubemos, por exemplo, que meu pai não poderia pedir a mudança de regime de semiaberto para aberto, ou mesmo o indulto de sua pena, se não tivéssemos pago a multa. Graças a essas pessoas que, de forma verdadeira, generosa e decidida, nossa família Genoino soube que não estava só, e mesmo com toda a campanha negativa da mídia, de alguma forma tínhamos conseguido manter a verdade presente dentro de quem nos apoiou de forma tão clara.

Pagamos a multa, pagamos o imposto referente a essa arrecadação, e uma parte da angústia se dissipou, ainda que estivéssemos constantemente sob a ameaça do possível retorno à Papuda. Eu e meu irmão vínhamos sempre que podíamos à Brasília, e tentávamos dar a nossos pais a força para que aguentassem, para que fossem firmes, para que suportassem até o final. As idas e vindas de São Paulo à Brasília eram muito cansativas, especialmente por envolverem duas crianças que jamais reclamaram ou choraram diante de festas de amigos que perderam, eventos escolares ou outras situações das quais nos ausentamos por conta de nossas viagens.

Foi quando, no final de abril, tudo isso mudou. Uma nova e terrível etapa nos esperava, a etapa que mudaria tudo aquilo que tínhamos vivido até agora.

Parte II

Em busca da caixa de cartas

Desde muito pequena, eu e meu irmão sempre tivemos o hábito de escrever cartas, cartões e bilhetes para meu pai e minha mãe. Aniversário, Dia das Mães e Dia dos Pais eram os momentos preferidos, mas também outras situações, especialmente com meu pai, como a volta de uma ausência longa, um final de semana muito cheio ou a véspera de uma votação, faziam que a gente sentisse a necessidade de escrever para ele. Meu pai sempre lia essas mensagens e guardava em uma caixa preta, grande, daquelas meio longas em que costumam colocar camisas, e guardava aquilo como seu pequeno tesouro.

Com o final da infância, a intensidade da adolescência, a efervescência da nossa juventude e as responsabilidades da vida adulta, eu e meu irmão fomos escrevendo menos, falando mais... E a caixa de cartas ficou lá, mais quietinha, como uma lembrança de momentos e situações de nossa vida de antes.

Quando meu pai foi levado para a Papuda, no dia 1º de maio de 2014, meu maior medo era saber que eu não poderia mais falar com ele livremente, quando bem quisesse, do jeito que quisesse... Esse sentimento foi maior que tudo, maior que a injustiça, a revolta, a angústia. Senti um medo enorme, parecido com o que senti quando ele teve a dissecção da aorta... Tive medo de perdê-lo, de estar longe dele, de que nosso elo se tornasse frágil demais.

No dia do seu aniversário, 03 de maio, esse sentimento de

distância me dominou de uma forma quase insuportável, de um jeito tão extremo que, às vezes, parecia que não conseguia respirar. Foi quando a escrita me salvou, mais uma vez. Foi escrevendo que senti que podia liberar tudo o que queria que ele ouvisse, mas que as paredes de uma injusta prisão impediam. Foi a escrita que me ajudou a vislumbrar o elo que me ligava ao meu pai, mesmo estando tão distantes fisicamente.

Nesta primeira carta, que coloquei no nosso blog, eu ainda não pensava em manter a escrita de forma tão cotidiana, tão habitual, apenas queria sentir algum alívio de que aquilo que estava sentindo na comemoração de aniversário do meu pai não ficaria perdido para sempre. Desde que ele tinha sido preso, em 15 de novembro de 2013, uma das minhas maiores angústias era com os momentos que meu pai perdia, que jamais poderiam ser recuperados. O aniversário de sete anos da minha filha, a apresentação de música da escola do meu filho, um jogo de futebol... Pequenos grandes momentos em que ele não pôde estar conosco e que não voltariam jamais.

Seu aniversário de 68 anos não voltará jamais. Ele passou longe de nós e isso nunca poderá mudar. Mas com a carta que escrevi, eu fiz uma tentativa desesperada de manter algo daquele dia, de não permitir que essa desgraça que caiu sobre nós conseguisse apagar um dia muito importante, o aniversário de José Genoino. Até porque por muitos momentos tive a impressão de que ele foi mandado de volta à Papuda naquela data de maio justamente por isso, para que estivesse sozinho no aniversário... Pode parecer paranoia, mas aprendi com toda essa situação que nada aconteceu por acaso, todas as datas foram muito bem pensadas.

Pois sim, voltando à carta, ela não chegou ao meu pai no dia do seu aniversário, mas a escrita me aliviou, e isso me mostrou que precisava seguir escrevendo, seguir mostrando de alguma forma - para mim e para ele -, que estávamos juntos, que eu estava fazendo algo por guardar e salvar o humano dentro do sofrimento que estávamos vivendo. Não foi uma decisão calculada continuar escrevendo, foi uma decisão natural. Foi uma necessidade vital, quase que como respirar, continuar mandando minhas palavras para meu pai, para que mesmo na distância, pudéssemos construir alguma ponte entre nós.

O que foi colocado aqui são algumas das 101 cartas do período. Elas contam da saudade, da ausência, da injustiça, mas contam também da perseverança, da luta, da batalha por seguir em frente. Elas falam de mim e falam dele, mas também falam dos meus filhos, do meu marido, da minha mãe, do meu irmão, da minha irmã e do meu cunhado, os grandes parceiros nessa travessia. Essas cartas eram do meu pai, mas agora compartilho com todos aqueles que querem conhecer o outro lado desta história, contada unilateralmente por nossa mídia convencional.

Este é o nosso lado.

03.maio.2014

Papai,

Toda vez que passo na frente do seu escritório para estender a roupa das crianças, ou para pegar um livro que a mamãe pediu, me lembro do que aquele lugar já significou para mim, e de como agora ele está vazio sem você. Já quando seu escritório era dentro de casa, era um lugar meio aberto, meio secreto, o melhor lugar para eu e o Nanan brincarmos de... escritório, claro. E ainda que fizéssemos bagunça, mesmo se acabássemos mexendo nas suas canetas, mesmo deixando os seus CDs todos bagunçados, você nos compreendia. A única coisa que você não gostava mesmo era que a gente mexesse na caixinha com nossos dentes de leite e na caixona com todas as cartas e bilhetes que escrevíamos para você.

Não sei onde está essa caixona, mas sei que está guardada. Lá estão cartas e cartões de aniversário, bilhetes de boas-vindas à casa depois de uma semana fora, mensagens e mensagens de toda uma vida juntos. Faz tempo que não colaboro com a sua caixa... Agora, quando a vida arrancou você de perto de mim, quando não posso mais cuidar de você e da sua saúde, vamos precisar voltar a acreditar na caixa, onde você um dia guardará estas cartas que escrevo aqui no meu blog, mas que só poderão chegar a você impressas, em mãos, pela mamãe, toda quarta-feira.

Papai, hoje é seu aniversário. Hoje celebramos o dia em que você nasceu, um dia muito intenso, já diria nossa querida amiga dos astros, pois os planetas se alinharam trilhando um caminho de muita luz. Um caminho que poderia atrair muita sombra alheia também. Mas hoje não quero pensar nisso, em quem não soube aguentar a sua força de vida, em quem precisou da mentira e da calúnia para tentar apagar sua história, em quem é frágil demais para falar a verdade sobre José Genoino.

Hoje, eu quero falar de você. Porque hoje é seu dia. Não importa que você esteja preso, e eu longe. Não importa que seus netinhos hoje não possam fazer o bolo de cenoura que você tanto gosta (e que é o único que aceita para cantar parabéns). Não importa as lágrimas que eu, a mamãe, o Nanan, a Mari, o Pedro e o Miguel vamos viver por estar longe de você nesse dia. O que importa é o seu dia, e essa energia ninguém, por mais que queira, poderá roubar.

Hoje, tenho certeza de que muitas e muitas pessoas estão pensando em você. E essas pessoas estão agradecendo a sua existência, o dia em que você nasceu, porque nesse dia, certamente, o mundo ficou muito melhor. Ficou melhor, mais ético, mais humano e mais generoso. Ficou genuinamente melhor. Porque você é assim, isso e mais um pouco, tudo junto e misturado, abrindo com a força de mil leões os caminhos mais difíceis.

"Mamãe, quem vai estar com o vovô na festa de aniversário dele?" foi a pergunta que o Luismi me fez. "Ele vai ficar sozinho?". Não, não vai. Podemos estar longe de você fisicamente, mas estamos aí, bem do seu lado, com toda a nossa verdade e todo nosso amor por você. Estamos aí gritando para o mundo que temos orgulho profundo de ser sua família. Estamos aí dando o abraço mais apertado do mundo para que você não esqueça, nem por um minuto, que nesta jornada, não importa quão sofrida seja, estaremos sempre juntos.

Estou tentando cumprir a promessa que fiz a você. Estou. Com a ajuda da mamãe, do Miguel, das crianças, de todos, espero conseguir cumpri-la. E acredite, Papai, por mais que esteja sofrendo como nunca achei que fosse possível sofrer, pode ter certeza de uma coisa: se esse é o preço que tenho de pagar por ser sua filha, eu pago. Não me importa. A vida me deu você de presente, e por isso, eu, a ela serei sempre grata.

Te amo do fundo, do mais fundo do meu coração. Sem você eu não seria nada.

Um beijo.

Mimi

04.maio.2014

Meu querido papai,

Hoje foi o meu último dia aqui, na Argentina, com o Miguel e as crianças... Na hora em que eles entraram na sala de embarque, foi como se o peso de tudo o que está nos acontecendo tivesse caído em cima de mim. Fiquei, de repente, sem chão, sem saber como encontrar a força que tanta gente parece que vê em mim, e que me transmite dia após dia desde que deixamos de ter você do nosso lado... Aí fui para um cantinho do aeroporto e chorei, chorei muito e decidi que precisava levantar a cabeça e seguir meu rumo, como você gostaria que eu fizesse... E vim para La Plata, para começar a última etapa do meu curso.

Sabe, papai, às vezes a dor que sinto dentro de mim, de não poder falar com você, ouvir sua voz, receber seus conselhos, é tão grande que me falta o ar, e acho que não vou resistir e parece que tudo vai cair... E o que tenho feito é tentar resolver isso por mim mesma, sem ficar colocando nos outros esse peso todo do que está acontecendo. Outro dia, o Luismi me pediu para não ligar para a Mamãe, porque ele não queria que eu chorasse. E aí entendi que era preciso segurar mais as pontas, porque estava muito difícil para ele e para a Paulinha. E por incrível que pareça, isso me ajudou.

A gente conversou tanto sobre meu curso, sobre o seu desejo de que estivesse aqui, e agora que essa é a realidade, eu aqui, você aí, preso, me parece impossível suportar e manter minha palavra. Mas aqui estou, e fico achando que o único jeito de sair dessa é começar, um dia por vez, para ver se verdadeiramente vou conseguir dar conta do que preciso. E do que prometi.

Como foi seu aniversário? Recebeu abraços amigos? Eu fiquei um pouco aliviada de saber que o Dirceu estaria aí com você... Eu desejo muito que ele possa trabalhar fora da prisão, mas, em parte, fico agradecida dele, nesse primeiro momento ter podido te abraçar como nós não pudemos.

Bom, vou descansar para amanhã... Te amo, papai.

Beijos,

Mimi

05.maio.2015

Oi, papai!

Tudo bem? Como você está? É só isso o que eu queria saber, como você está... O que está pensando, o que está sentindo... Se consegue sentir aí todo o meu amor que tento mandar dos mais diversos jeitos o dia inteiro, a toda hora, a todo momento. Hoje, comecei o meu curso, na parte da manhã tive aula com uma espanhola que falou sobre literatura na escola e, à tarde, a aula também era com um espanhol que falava de gramática. Não foi fácil, papis, não foi mesmo, conseguir prestar atenção, colocar minha concentração em algo diferente de você e nossa luta, nosso caminho, nossa verdade.

Sabe, papis, tem hora que fico parada, olho para um lado e fico imaginando o que você está fazendo e como seu coração está reagindo a toda essa mudança que aconteceu na sua vida, na sua alimentação, no seu caminho. E me pego brava comigo mesma por não ter aproveitado mais ainda os dias em que podia estar com *você, nos nossos finais de semana juntos. Eu queria ter dormido menos, saído menos, limpado menos, visto menos TV, tudo para ter ficado mais tempo grudada em você, curtindo, abraçando e conversando sobre a vida.*

A Paulinha e o Luismi hoje ficaram bem, ainda bem... Eu estava preocupada com o Luismi que andava bastante inseguro, querendo grudar em mim, mas parece que deu tudo certo. Você nem imagina a rede de pessoas que estão dispostas a nos ajudar, é algo realmente incrível e emocionante mesmo... Não sei o que faria sem essas pessoas tão especiais! Os dois sentem muito a sua falta, mas estão recebendo muito carinho e isso me conforta.

Aqui em La Plata, estou dando tudo o que tenho para sorrir, andar, ouvir, pensar. Será que você também precisava se esforçar para se concentrar quando ia estudar no meio de uma vida tão cheia de problemas? Eu olho para sua história, papai, e parece que sou um pequeno mosquito, perto de tudo de tão grande que você já fez por essa nossa vida de Deus...

Bom, meu papai amado, te deixo. Meu coração está com você... Eu te amo. Até amanhã!

Beijos,

Mimi

P.S.: hoje, seus advogados recorreram ao pleno do Supremo Tribunal Federal (STF) para que você possa cumprir a prisão domiciliar. Não sei se consigo acreditar que isso dará em algo, mas ter entrado com a medida ajuda, pois dá uma sensação de que estamos fazendo algo. E estamos e estaremos, sempre.

07.maio.2014

Olá, papai,

Eu me sinto muito estranha agora, porque nesse exato momento você está com a mamãe, o Nanan, a Mari e o Pedro. E não está comigo. Estou longe, bem longe de você, e às vezes me dá até medo de que nossa comunicação para além das palavras fique prejudicada com tanto muro, tanta injustiça e tanta dor entre nós. A mamãe me disse que não, que preciso acreditar que o que temos, nenhuma prisão vai destruir, mas juro que meu coração muitas vezes não aguenta de tanta dor e saudade.

Estou agora na faculdade, estamos tendo aula sobre literatura, de novo. Melhorei minha concentração em relação a quando tudo começou... A aula da tarde requer muita atenção, pois o tema é difícil e o professor fala um espanhol estranho, não sei se te falei, ele fala catalão, então o espanhol dele parece meio forçado. Eu consigo entender, mas me dá trabalho e isso me ajuda a colocar minha cabeça em uma só coisa... Por alguns minutos consigo não pensar no que aconteceu com a gente, mas quando volto e lembro que não posso ouvir sua voz, meu coração sangra.

Sabe, papai, estou pensando em organizar melhor o que já escrevemos sobre a sua história, começar a preparar nosso livro com as coisas que você me contou. Seria muito bom se você conseguisse escrever aí, não sei, a gente manda um caderno para você... O que acha? De qualquer forma, pensei em ir organizando os capítulos daquilo que já fizemos, deixar meio arrumadinho como acho que poderia ser, para você ir lendo e assim ver que temos uma tarefa quando você sair, que é fazer o livro acontecer, o nosso livro.

Ontem não falei com a Paulinha e o Luismi, mas Miguel me disse que eles estão bem... Com você no coração, claro.

Minha aula começou, por isso, deixo esta cartinha. Tomara que a visita tenha sido boa, e tomara que, de verdade, você não tenha ficado triste por não me ver presente. Bom, presente estou, você sabe, né? Sempre.

Te amo demais, meu pai amado...

Muitos beijos,

Mimi

08.maio.2014

Olá, meu papai amado,

Hoje você deve ter me passado muita energia positiva, depois de um dia muito difícil (ontem, por conta das visitas, a vontade de estar contigo), tive uma rotina mais firme, não chorei pela primeira vez desde que você foi preso...

Bom, hoje o dia foi muito corrido, tive várias idas e vindas na faculdade, mas isso foi bom porque ocupou minha cabeça. Não almocei, apenas comi uma empanada rápida, e isso foi bom, porque na hora do almoço, quando a gente para e pensa, descansa, meu coração aperta porque penso em você e no que estará comendo... Eu tenho tanto medo de pensar nisso! Que comida estarão dando para você? Será que é bem feita? Não vai prejudicar a sua pressão e sua coagulação? Tomara que seu corpo aguente esse túnel de perigo em que o cara lá colocou você...

Falei à noite com as crianças, estavam muito contentes de estar com a mamãe em casa... Hoje, senti que ela estava melancólica - e acho que estava mesmo, olha o e-mail que ela mandou aos amigos de Brasília:

"Queridos amigos, ontem, quando vi o mar de luzes de SP, me emocionei-me, como sempre me emociono quando chego de volta à minha cidade. Só que, dessa vez, meu coração ficou mexido e apertado porque Genoino não voltou comigo a essa cidade que tanto ama. Gostaria que vocês soubessem que meu lugar é aqui e vou retomar a vida com a família e os amigos, mas, hoje, minha relação com Brasília é outra. Por causa de vocês, com quem convivi intensa e amorosamente, essa cidade passou a ser mais aconchegante e humana. Posso fazer coro ao Genoino e dizer que dá até saudade dos momentos dramáticos, mas também alegres, que passamos juntos naquela casa. Agradeço a todos do fundo do coração e espero preservar essa amizade sempre. Beijo Rioco (repassar msg p/ Larissa, Sonia etc.)"

Muito bonito, né? Eu também sinto saudade da casa, da nossa rotina, de comprar coisas boas e levar para você, passar na banca e comprar as figurinhas para as crianças e a sua Carta Capital... Ah, falando nisso, o Luismi está quase completando o álbum da Copa, hoje ele me disse que já completou 14 seleções. A Paulinha parece que finalmente se empolgou e também estava animada porque completou a página da Argentina e mais outras sete...

Meu papai querido, que seu coração aguente... Obrigada por me mandar hoje tantas energias de paz, porque meu coração serenou um pouco. Meu corpo sente na pele a saudade do seu abraço, mas nossa ligação é maior que tudo, e isso nenhum cara, nenhum muro, nenhum nada pode nos privar.

Te amo!

Beijos da sua,

Mimi

09.maio.2014

Olá, papai,

Hoje, o mundo aqui fora está fervendo por conta da absurda decisão do cara de proibir o trabalho do Zé Dirceu. Como ele está? O carinho, a gratidão que sinto por ele é tão grande que me partiu o coração ver que, mais uma vez, continua essa injustiça doida e sem fim contra ele. E contra você, claro. E junto com tudo isso, toda essa absurda perseguição da Folha com a Joana, eu sinto muita tristeza de pensar nisso.

Sabe, nem te falei, mas outro dia fui ler "O livro dos espíritos", do Allan Kardec[1], porque você bem sabe o quanto o Espiritismo já me ajudou em outros momentos de dificuldade... E achei esses trechos que ajudam a compreender o mal:

"Nem todos são essencialmente maus. Em alguns há mais leviandade, irreflexão e malícia do que verdadeira maldade. Uns não fazem o bem, nem o mal; mas, pelo simples fato de não faze-

---

1 Kardec, Allan. O livro dos espíritos. São Paulo: Virtude Livros, 2012. p. 173,174, 176 e 180

rem o bem, já denotam a sua inferioridade. Outros, ao contrário, se comprazem no mal e rejubilam quando uma ocasião se lhes depara de praticá-lo."

"Eles veem a felicidade dos bons e esse espetáculo lhes constitui incessante tormento, porque os faz experimentar todas as angústias que a inveja e o ciúme podem causar."

"Fazem o mal por prazer, as mais das vezes sem motivo, e, por ódio ao bem, quase sempre escolhem suas vítimas entre as pessoas honestas. São flagelos para a Humanidade, pouco importando a categoria social a que pertençam, e o verniz da civilização não os forra ao opróbrio e à ignomínia."

Sei lá, é difícil estar tão perto assim do mal, mas acredito que você é a luz, é o oposto... Olha, só...

"Compreendem Deus e o infinito e já gozam da felicidade dos bons. São felizes pelo bem que fazem e pelo mal que impedem. O amor que os une lhes é fonte de inefável ventura, que não tem a perturbá-la nem a inveja, nem os remorsos, nem nenhuma das más paixões que constituem o tormento dos Espíritos imperfeitos. Todos, entretanto, ainda têm que passar por provas, até que atinjam a perfeição."

Hoje, papai, nosso amigo pediu que eu ficasse quieta, que não falasse mais nada de você no Facebook, e por incrível que pareça, eu vou respeitar esse conselho. A mamãe também me pediu o mesmo sobre as minhas cartas, e acho que se é isso o melhor para você, eu entendo... Avisei meus amigos que terei de me calar, mas confesso que isso é algo que me corrói por dentro, pensar no momento que estamos vivendo, enquanto meus filhos vão crescendo...

Outra coisa. Acho que a noite passada a gente se encontrou. Eu sonhei toda a noite que você me dava conselhos sobre como temos de estar atentos para evitar ao máximo qualquer possibilidade de a imprensa vir com essa história de privilégio, e de manhã recebo o e-mail de outro amigo dizendo que você falou longamente com ele sobre o assunto... Isso quer dizer que nossa comunicação continua funcionando, continuo conseguindo receber seus avisos, mesmo com esse muro de coisas entre nós.

Papai, estou atenta, eu vou segurar. Conte comigo,
sempre.
Te amo, beijos e beijos e um abraço bom e apertado,
Mimi

11.maio.2014

Olá, meu papai amado,
Escrevo do saguão do hotel onde estou aqui em La Plata, em
um domingo de Dia das Mães frio e chuvoso... Hoje estou mais
fraca por estar sem você, as lágrimas acabaram voltando, mas você
pode ficar tranquilo que elas me ajudam. Eu preciso colocar para
fora esse mundo de sentimentos que ficam aqui dentro de mim dia
e noite, noite e dia. Hoje não estou conseguindo ver o céu e acho
que, por isso, fiquei mais aflita, porque como falei ontem, é esse
céu, olhar para ele, o que me deixa sentir mais próxima de você.
Sabe, papai, sinto que nesse momento tão infinitamente
duro, a vida está me fazendo provar, experimentar, buscar todos
os jeitos diferentes que podem existir de me comunicar contigo
sem ouvir sua voz ou abraçar você... Aí eu encontro um jeito, que
é o sonho, e paro de sonhar. Aí penso no céu, e vem nublado...
Enfim, vejo isso como um desafio, um desafio de encontrar você
em todos os pequenos pedaços da minha vida, do meu dia. E acho
que estou conseguindo.
Hoje de manhã, falei com a mamãe e as crianças... Eles me
mandaram desenhos de feliz Dia das Mães e a mamãe estava toda
feliz porque eu e o Nanan demos um notebook para ela. Conversamos
sobre como organizar a casa, agora que ela voltou, e o nosso apê
ainda não foi entregue, mas depois de muita conversa, conseguimos
dar um jeito... olha só:

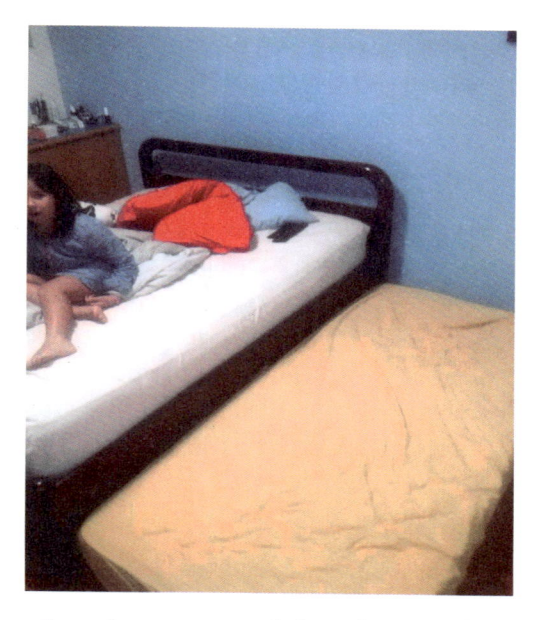

Ainda não sei se quem vai dormir no colchão do lado do Nanan é a mamãe, ou se são as crianças, porque eles andam disputando muito, ficar com o tio amado... Depois te conto!

Também, papis, hoje te mando umas fotos aqui do mestrado, para você ver que tenho conseguido fazer as coisas, sorrir, lutar para ficar com energias boas. Olha essa foto:

Esses três amigos uruguaios também fazem o mestrado e foram comigo ontem para Buenos Aires. Eles são muito legais e como não sabem o momento que eu vivo, falam de várias coisas, me distraem... Na foto estamos comendo uma pizza antes de ir na Feira do Libro de Buenos Aires. Você vê que no meu rosto não dá para ver o que estou vivendo, e esse sorriso eu mando para aquietar o seu coração, que se preocupa tanto comigo.

Conforme fui escrevendo, as lágrimas foram embora... Meu coração serenou... É você me ajudando, com certeza.

Meu papai amado, eu te amo muito, muito e muito. Nem sei como posso sofrer se a vida me deu de presente viver um amor de filha como esse que sinto por você. Ops, olhos molhados, preciso parar, senão volto a chorar.

Te amo...

Beijos da sua,

Mimi

13.maio.2014

Olá, papai querido,

Hoje tenho uma missão. Escrever uma carta de esperança. Quem me passou essa missão foi seu amigo, que sofre de saudades de você como poucos amigos que tenho visto sofrer. Engraçado pensar no quanto esse processo doloroso acabou nos dando de presente a possibilidade de conhecermos pessoas especiais e maravilhosas... Fiquei pensando neste amigo querido, e lembrei que a chegada dele na minha vida aconteceu na época do julgamento, com todo aquele otimismo que lhe é peculiar... Bom, sei que as vezes você ficava meio cabreiro com tal otimismo que, infelizmente, nem sempre deu os resultados esperados, mas tenho que dizer, papai, que ter um otimista por perto ajuda demais quem está desesperado, como estive tantas vezes.

Bem, creio que a melhor mensagem de esperança que posso

passar a você é a de pensar nos amigos queridos que ganhamos no meio dessa confusão de vida que se apoderou de todos nós... Ele virou da família e fico pasma com a sua habilidade de ser nosso parceiro, de um jeito que até o Nanan ele conseguiu conquistar! Nosso outro amigo, trazido pelo parceiro de todas as horas, não tenho nem como falar, só essa disposição em visitar, nos escrever, conversar conosco... uma generosidade que há tempos eu não via. A Débora, tão cheia de admiração por você, com tamanha energia que nunca mostra cansaço, uma vontade enorme de estar sempre do nosso lado. Isso para falar de pessoas que você tem mais perto.

Da minha parte, também ganhei pessoas queridas nesse processo, e a Dani, minha amiga que escreveu a carta que a mamãe ficou de te levar na visita, é um presente que tem colocado esperança e força na minha vida. Ela consegue sempre olhar para mim, nas vezes em que nos vimos na escola, e transmitir admiração e força ao mesmo tempo, e a carta que ela em tão pouco tempo conseguiu escrever, mostra que o que ela diz, ela faz, e foi assim que convocou todos os orixás para que estejam ainda mais perto de você.

Outra amiga de quem quero te falar hoje é a Viviane, e você já a conheceu, porque ela foi em todos os encontros de bordado dos pássaros. Mas ela é tímida, mais reservada, e talvez nem tenha conversado tão diretamente com você como a Dani fez. A Vivi, papai, é daquelas amigas que a gente gosta porque é tão diferente do que somos, que nos fazem reencontrar coisas novas que nunca esperaríamos da vida. Vejo a sua amizade com o Bené, por exemplo, caminhos tão distintos, personalidades diferentes e um amor profundo... A Vivi é assim, toda poesia e delicadeza, enquanto sou, digamos, forte, você sabe, daquele meu jeito de ir com a cara para o mundo. A Vivi é cuidadosa na fala, enquanto sou a palavra em pessoa, e enfim, ela vai criando marcas só dela, e a literatura é uma delas.

Pois bem, de um jeito ou de outro, a Vivi apareceu para mim nessa viagem difícil, e acabou sendo uma luz que me puxava para algo bonito e verdadeiro. Sem nem ela pedir, acabou acontecendo de eu traçar um caminho em busca de coisas que ela ama, e que ao me fazerem pensar nela, me ajudaram a pensar em coisas boas sobre a saudade que sinto de você... Começou com um ilustrador maravilhoso, chamado Benjamin Lacombe... Eu já tinha visto os livros dele, mas precisou ele estar aqui em Buenos Aires para eu ficar perseguindo seus passos pela Feria do Libro, pensando em quanto queria conseguir algo para a Vivi. E consegui, uma filmagem super legal do tal Lacombe desenhando... E aquele foi o dia em que melhor fiquei em relação a você, foi o dia em que veio a música no metrô que me fez saber que o Janjão está cuidando de você.

Hoje, tenho que te contar, foi um dia - apesar da carta ser de esperança - em que as lágrimas não conseguiram parar mesmo na aula, e acabei tendo que me organizar emocionalmente de uma forma mais intensa. Pois bem, em meio ao caos de coisas que eu sentia, veio um livro lindo, lindo, lindo, de um ilustrador coreano maravilhoso, e na mesma hora pensei: nossa, como a Vivi ia gostar desse livro! E ao pensar nela, e escrever para ela, consegui desabafar sobre tantas coisas que sinto sobre você, falar dessa saudade de uma conversa só nossa, sem ninguém no meio, de parar com os recados e as mensagens, saudade da sua voz. Então, veio o pedido, do nosso amigo (da carta da esperança) e percebi que, na verdade, você já estava me contando de onde vinha a esperança: da consciência de saber que temos amigos verdadeiros, para além do significado simples dessa palavra.

Papai, apesar de tudo o que estamos sofrendo, nós podemos ter esperança porque temos ao nosso lado amigos que se multiplicam, mesmo em meio a essa nossa jornada tão cheia de pedras midiáticas. Temos que agradecer, porque a vida conseguiu colocar em nosso caminho esse monte de gente especial que, generosamente, resolve dedicar seu tempo, seu amor, suas palavras, para que eu e você estejamos bem. Temos que ter esperança porque por mais que tentem prender os nossos sonhos, tentem prender a nossa vontade de viver, temos ao nosso lado pessoas amigas que conseguem olhar para nós e dizer: não vou deixar você cair, não. Preciso de você.

Pois é, Tubins, temos esses amigos que não nos permitem deixar de confiar na vida. Se a vida colocou pessoas assim ao nosso lado, é porque venceremos tudo isso para viver muitas coisas boas, e muita conversa fiada, e muita confidência do lado dessas pessoas iluminadas.

Não sei se consegui fazer a tal carta da esperança, mas espero de coração que a mesma luz que entrou em mim quando vi a esperança nas minhas amigas, entre em você pensando nos tantos amigos que você tem e que estão junto contigo, e conosco, nessa batalha.

Te amo meu papai. Sem você eu não seria nada.

Beijos,

Mimi

16.maio.2014

Olá, meu papai mais que amado,

Escrevo de dentro do avião que está me levando de volta para casa. Sinto tantas coisas diferentes, que nem sei por onde começar a te contar. Mas vou tentar. A primeira coisa que sinto é um alívio muito grande por ter conseguido cumprir a promessa que você me fez fazer, de que eu iria fazer o curso aqui na Argentina, mesmo que acontecesse o pior, porque sinceramente eu não sabia se ia mesmo conseguir. A segunda coisa que sinto é medo, medo de como vou ficar quando chegar em São Paulo, voltar à vida cotidiana e não tiver mais algo assim claro para eu fazer que seja uma promessa a você... Mas aí lembro da Paulinha e do Luismi e na hora me vem a sua voz me dizendo: "Mimi, você precisa cuidar da sua família, do Miguel e das crianças".

É isso que você quer que eu faça, não é mesmo?

Eu sei que sim. E sei que se, por um lado, estar na sua casa me lembra a cada segundo da sua ausência injusta, por outro, estar com meus filhos me faz ir além de todos os meus limites. Um dia, sei que todos vamos compensar os nossos fofinhos, seus netinhos, por tudo o que eles aguentaram nesse período tão cheio de sombras... Vamos compensar com momentos bonitos, com escaladas a montanhas, idas a lugares especiais, vamos compensar indo comer com eles um pastel na feira. E vamos compensá-los contando a sua história, a nossa e a deles, de como vencemos a maldade, porque não temos medo de enfrentar as consequências de lutar por uma vida melhor para muita gente. O Miguel, papai, também te digo, tem sido aquele amor incondicional que sempre busquei minha vida inteira, e um pouco mais do que isso. Não me cobra nada, mas não me deixa cair, não me exige nada, mas não me deixa esquecer de seguir, não me perturba, mas me mostra que preciso ser forte porque ele precisa de mim. Nesses 15 dias longe, ele conseguiu manter-se o tempo todo próximo de mim e da minha dor, e eu conseguia, algumas vezes, visualizar o seu carinho por ele, sua gratidão, quando vejo o tanto que nosso Migui está sendo um suporte para todos nós. Você tem muita razão quando diz que meu marido é muito especial!

Como você vê, neste meu retorno ao Brasil existem muitos sentimentos misturados e confusos, porque de verdade fico lembrando que quando saí do meu país, você ainda estava livre e agora quando eu volto, você perdeu a liberdade. Física. Só física, porque para mim é impressionante ver o quanto seu espírito é livre e busca a liberdade, o quanto suas ideias parecem estar aqui, do nosso lado, o quanto você consegue vencer todos os muros para me dizer aqui no ouvido as coisas que eu preciso saber para aguentar estar longe de você.

Amanhã verei a mamãe. E nos abraçaremos pela primeira vez desde que tudo aconteceu... Eu espero por esse momento e sei que ela também, e pelo menos poderei receber o aconchego dela por meio de conversas, carinhos a mim e aos netinhos e comidinhas gostosas que só ela sabe fazer.

Papai, meu papai, nós conseguimos. Eu vim para La Plata, fiz meu curso, e volto ao Brasil com essa vitória no bolso, no meu e no seu. Esse mestrado é nosso.

Te amo. Espero que você goste de ler minhas cartas tanto quanto eu gosto e necessito escrevê-las a você.

Muitos beijos,

Mimi

17.maio.2014

Olá, papai querido,

Te escrevo já de São Paulo, aqui da sua casa, que tanto sente a sua falta... Ontem, cheguei bem no aeroporto e qual não foi minha surpresa ao ver que a mamãe tinha ido junto com o Miguel me buscar no aeroporto! Foi muito emocionante, pela surpresa, e pela emoção de nós duas, nos reencontrando pela primeira vez depois de tudo isso que aconteceu na nossa vida. Foi muito bom... Parece que quando vi a mamãe, percebi de um só golpe que eu tinha vivido toda essa bomba de injustiça que caiu em cima da gente muito mais sozinha do que acompanhada, e que, mesmo assim, eu tinha conseguido. Ao chegar em casa, o Nanan tinha ficado acordado me esperando, o que foi lindo também, e depois dos abraços, a primeira coisa que ele falou foi: "Conseguiu ficar, né, Mimi?". Acho que ele também tinha dúvidas se eu ia conseguir...

Sabe, papis, hoje fiquei pensando muito sobre essa nossa relação, a de nós quatro, porque somos muito, muito grudados e, de repente, com os três aqui junto na nossa casa é inevitável quase visualizar a dor da sua ausência, a falta que você faz. Por outra parte, vejo o quanto nos tornamos uma equipe forte, unida, que está e estará junto para o que der e vier. O Nanan, por exemplo, papai, tem sido meu pilar de apoio nesse processo, junto com o Miguel, claro, mas como ele tem sido!

Fico lembrando do quanto me coloquei no papel de segunda mãe dele tantas vezes, por tanto tempo, na nossa infância, especialmente, e nunca imaginei que eu e ele conseguiríamos amadurecer tanto juntos e viver hoje uma relação bem diferente. Sinto que hoje temos uma relação de igual para igual, onde, de verdade, eu não sou mais a "mais velha", mas sim sou a parceira para nossa vida. Para o Nanan, consigo falar todas as minhas pequenas e grandes raivas, sejam aquelas com cabimento, sejam aquelas sem cabimento, e ao mesmo tempo em que ele entende e me acolhe, consegue me falar quando não devo ficar pensando muito sobre aquilo. E, assim, ele me ajuda muito.

O Nanan sente muita falta de você, papai. Como eu. Como a mamãe. Mas o jeito dele de se expressar é outro e acho que o bom é cada um conseguir viver isso da sua forma, respeitando o que cada um faz com a dor que sente.

O reencontro com as crianças foi especial, maravilhoso, e eles ficaram muito felizes em me ver. O Luismi, uma hora, me perguntou: "Você ficou bem lá na Argentina?". E eu sei muito bem que ele queria saber também, como o Nanan, sobre essa resistência que tive de ter para não largar tudo e vir embora correndo para chorar à vontade e poder te visitar às quartas-feiras. Não fiz isso, não segui meu impulso, e acho que isso já é um grande aprendizado para mim.

Sinto muita falta de você, papis, mas cada dia sinto mais força nessas nossas cartas, mesmo que eu ainda esteja longe de saber quais seriam suas respostas para cada uma das minhas mensagens. Não tem problema, quando escrevo, sinto que chego até você e que venci essa barreira que esse mundo de injustiça colocou entre a gente.

Te amo muito, meu papai.

Te amo.

Beijos da sua,

Mimi

18.maio.2014

Olá, meu papai amado,

Te escrevo em pleno domingo de chuva de granizo em São Paulo... Nesse momento, o Nanan está vendo o jogo do SPFC no quarto dele, junto com o Luismi, e a Paulinha está fazendo bagunça; a mamãe está tomando banho, porque se molhou toda vindo de metrô da casa da Batchan. Eu e o Miguel já fomos em duas festas de aniversário e agora vou para a terceira, de um amigo do Luismi. Ir a festas para mim é muito difícil, chega a ser chocante ver momentos de tanta alegria perto do que sinto por dentro, porém, elas são importantes para a Paulinha e o Luismi.

Hoje, a Paulinha falou muitas vezes que está com saudades de você... Ela fala isso às vezes com medo - creio que fica com receio de como isso é para mim -, mas tenho dado todo o espaço para que ela fale o que sente. O Luismi fala menos, mas fica muito sentido quando a Paulinha fala algo de você... Vejo que ele sente muita falta de estar com você, e que apenas quer ver as pessoas felizes, é o que ele mais quer, não ver ninguém chorando... Mas, no geral, eles estão bem, a mamãe tem falado muito isso, de que tem visto os dois muito bem.

Ontem, acabei me envolvendo em falar com você sobre o Nanan e nem contei que tive um dia de filmes que falavam da relação pai e filha. E que isso me deixou tão tocada, que às vezes as lágrimas vieram... No entanto me pareceu-me um sinal de que existe uma força maior cuidando dessa nossa história, de estarmos juntos de novo, um dia, eu e você. O mais interessante, papis, é que tanto no filme infantil que vi com os filhotes, quanto no filme espanhol que vi com o Miguel relatava-se de alguma forma a história de um pai e uma filha que se separavam e conseguiam se reencontrar. E no filme aparecia esse reencontro.

Eu penso muito no nosso reencontro. Penso bastante sobre o dia em que nos veremos, ainda com você aí nesse lugar horrível, mas também penso em quando estivermos nós dois juntos, sem grade, sem muro, sem déspotas, ninguém no meio. E, muitas vezes, visualizo a gente em Joanópolis... Não sei porque, creio que um momento muito bom será quando a gente subir no alto daquela montanha e estivermos lá, só a gente com você, no meio da liberdade, do silêncio e da paz. Esse dia, sim, chegará.

Amanhã, volto à escola, depois de duas semanas fora, e depois de tudo o que nos aconteceu... Vai ser bom, porque dar aula me ajuda bastante a não desmoronar.

Bom, papis, deixa eu ir que seu netinho está aqui, já ansioso para ir para a festinha... Estamos pensando sempre em você, ainda que sua presença física não seja possível, sua presença é completa para nós, porque nosso amor por você é maior do que tudo.

Te amo!

Beijos da sua,

Mimi

19.maio.2014

Olá, papai!

Essa é a minha 16ª carta para você, dá para acreditar? São tantas mensagens, que vejo a quantidade e nem acredito que, a cada dia em que escrevi, foi um dia em que estivemos separados, sem conversa, sem abraço, sem a nossa forma de nos entender... E é por isso que escuto tanto a sua voz! Eu, literalmente, escuto você falando comigo como se estivesse aqui do meu lado, e parece que consigo distinguir todos os sons do mundo, que são pequenos e simples demais, do som da sua voz, a única que eu gostaria de ouvir agora.

Acabamos de comer um sukiaki feito pela mamãe, e a saudade de você ficou forte. Admiro muito a mamãe, papis, porque é uma guerreira que não tem medo de sentir saudade, não tem medo de amar ninguém, não tem medo de ter criado uma filha como eu, puro drama e sentimento. E não tem medo de encarar um sukiaki quando você está longe, com todo o significado que essa comida tem para a gente. Por isso, ao ver a mamãe assim, não consigo fraquejar totalmente. Claro que me sinto fraca, que me sinto triste, mas consigo voltar a respirar porque olho para ela e vejo a fortaleza dentro dos olhos dela, vejo a garra e a disposição para cuidar de todos nós enquanto você não pode ajudá-la nessa missão. Ainda bem que temos a mamãe na nossa vida, papis!

Depois de desabafar com ela e o Miguel, um pouquinho, sobre a saudade que eu sinto e da angústia de saber que só poderei te ver em julho, finalmente fui ao seu escritório procurar a biografia da Hannah Arendt. Foi a primeira vez que entrei no seu escritório depois que você foi preso, e, de golpe, senti sua presença ali, em cada detalhe, cada foto, cada objeto, cada caixinha, cada bloquinho e cada caneta. Você se faz presente de formas tão diferentes! E de repente no meio de tantos "vocês", fiquei perdida, sem lembrar como mesmo você tinha me explicado para eu achar a biografia. Parei, respirei fundo e fui ouvindo aqui dentro de mim a lembrança da sua explicação, sua mão gesticulando e me dizendo... "Lá, Mimi, do lado direito, estão todos os livros da Hannah Arendt. Você vai ver um que é vermelho, essa é a melhor biografia dela". E pronto, achei o livro. Simples assim. Viu como, mesmo longe, você continua me ajudando?

Acabei pegando outro livro dela para ver se dou uma lida, escolhi o "Responsabilidade e julgamento", e olha um trecho para você, na página 220:

"No centro das considerações morais da conduta humana está o eu; no centro das considerações políticas da conduta está o mundo. Se despirmos os imperativos morais de suas conotações e origens religiosas, resta-nos a proposição socrática - é melhor sofrer o mal do que fazer o mal - e sua estranha fundamentação: Pois é melhor estar em desavença com o mundo inteiro do que, sendo um só, estar em desavença comigo mesmo".

Estou aqui, em busca de todos os caminhos possíveis para me sentir mais perto de você. Seja uma comida, um sentimento, uma música, um livro, um pensamento. E é por isso que olho tanto para o céu, porque nele está a liberdade que você tanto merecia ter de forma plena. E é por isso que vou em busca do acolhimento dos seus netos, que representam aquele amor simples, verdadeiro e incondicional, que todos nós sentimos por você e que nos fortalece para aguentar esse momento difícil. Acredite em mim papai, eu vou aguentar.

Te amo. Muitos e muitos beijos...

Mimi

23.maio.2014

Olá, meu papai que eu tanto amo,

Hoje, escrevo a você surpreendentemente com o coração um pouco mais apaziguado depois de dias de muita dor... Tenho que te dizer que voltar ao Brasil não foi fácil, pois estou de novo aqui na sua casa, vendo mais concretamente a sua ausência e vivendo as visitas que a mamãe e o Nanan fazem a você - me fazem entrar de forma profunda nessa dor.

Ontem, fui à terapia, chorei bastante, organizei as coisas que ando sentindo, e de alguma forma me fortaleci. Hoje, precisei dar um apoio maior para a mamãe e isso me fez sentir útil, sentir que posso fazer alguma coisa mesmo que não seja o mais importante, que é ver você. Papis, você nem imagina o quanto penso no dia em que poderei te dar um abraço, no dia em que poderei sentir seu cheiro de papai, no dia em que vamos conversar. O que me corrói por dentro são as mensagens, os recados. Percebi que nunca tivemos recados, sempre foi de um para o outro, e por isso apenas saber pela voz de outro me parece totalmente incompleto.

Tenho sentido muita necessidade de entender essa minha dor e essa nossa relação. E andei ouvindo histórias de pessoas conhecidas que me mostraram algo que a minha terapeuta me falou uma vez: "Você acha que todo mundo tem uma relação como a sua e a do seu pai?". Não sei, acho que sempre vi as coisas que faço, falo, encaro, e as coisas que você sente, vive e mostra por mim *como algo natural de uma filha que ama o pai. Mas a vida, de muitos jeitos, tem me mostrado que não é todo mundo que tem isso, não, que, infelizmente, tem gente que não consegue ter a sorte de viver um amor e uma relação verdadeira como a nossa.*

Sabe, papis, sei que se teve uma época em que acabamos discutindo mais do que nunca foi agora, nos primeiros meses de sua prisão domiciliar lá na casa... Mas, hoje, vejo que toda aquela discussão, ao estar bem afiançada no amor profundo, só deu bons frutos. Não tenho medo de divergir de você, porque sei que, de alguma forma, conseguimos encontrar o mesmo caminho juntos. Não tenho medo de expor minhas angústias, porque sei que você vai confiar em mim. Não tenho medo de reconhecer que, para mim, está difícil, porque sei que mesmo quando você estava passando pelo pior, nunca deixou de ser meu pai amigo e conselheiro para todas as horas.

Agora, fico aqui pensando no que a vida vai me ensinar a partir deste tempo de ausência, de dor e distância. Fico imaginando o dia em que eu serei livre para ser sua filha, do jeito que eu quiser, quando e como a gente decidir. Esse dia não me perece algo definido, e isso me angustia, mas, tenho certeza de que chegará. Que vamos fazer coisas juntos, você ainda poderá ser esse avô maravilhoso de forma diversa. Vamos subir aquela montanha de Joanópolis, pode ter certeza.

Hoje, estive na 25 de março com a Paulinha e o Luismi. Era um dia de chuva, mas encarei com os dois e foi ótimo. Fomos comprar as coisinhas para o aniversário do Luismi, que se aproxima... seis anos, papai, dá para acreditar? Que no próximo aniversário você esteja conosco, para comemorar esses grandes momentos da nossa família.

Espero que fique firme para o final de semana... Te amo de coração puro, enorme e aberto.

Beijos,

Mimi

24.maio.2014

Olá, papai amado!

Acabo de chegar do cinema com o Miguel. A mamãe ficou com as crianças em casa, toda fofa, toda vovó, e fomos ver um filme, algo que não fazíamos há muito tempo. Eu sentia que o Migui estava precisando disso, de um momento nosso, de um momento sem nada mais além de estarmos os dois, e apesar do meu ânimo relativo, resolvi que era importante ir. Eu vejo o quanto Miguel tem aguentado e segurado as pontas, mas acho que não posso simplesmente pensar que ele vai segurar as pontas, preciso fazer a minha parte, mostrar que estou aqui com ele também para a vida seguir em frente.

Tenho, além disso, ficado bem pertinho da mamãe e acho que isso está fazendo muito bem para nós duas. Eu tento estar com ela o máximo possível e organizar nossas coisas pensando nela também. Hoje, saímos juntas só eu e ela e apesar de como estamos, foi bom, porque sentíamos falta de estar assim, juntas. Ela comprou carga para a caneta, eu comprei uma mochila para a Paulinha e fui comprar as roupas brancas para a minha visita a você.

Sabe, papis, achei que eu ia desabar ali no meio da loja quando comecei a encher as sacolas de calça, casaco, blusinha, tudo branco... E fiquei vendo o quanto a mamãe tem razão quando diz que é um absurdo eles determinarem que temos de ir vestidos desta forma. Com que justificativa? Por quê? Só para usarmos, como familiares, o uniforme da injustiça que vocês precisam usar todos os dias? Eu não entendo isso... Mas sabe, papis, o Nanan tem me ensinado muita coisa nesse processo, com esse jeitão dele de encarar a vida sem sofrer pelo que não serve ou o que é pequeno. Sempre que começo a reclamar de algo, como isso, comprar roupa, ou uma mensagem boba que não gostei, ele fala: "esquece, não liga para isso, deixa para lá", e, aos poucos, isso tem me mostrado que não adianta sofrer, nem mesmo ficar falando de coisas assim, quando existe algo tão maior para se preocupar.

E foi pensando nisso que resisti às compras de roupas brancas.

Quase me veio o Nanan na cabeça, falando: "Não fica pensando no que você está fazendo, só faça mesmo, para acabar e pronto". E fiz, comprei, coloquei tudo em uma sacolona que agora está guardada no armário para quando julho chegar, eu poder te visitar. Como disse, penso muito mesmo nesse momento, nesse encontro.

Bom, vou descansar, sonhar mais uma noite com você. Pelo menos nos sonhos a gente está junto e isso me faz muito bem...

Te amo!

Beijos da sua.

Mimi

26.maio.2014

Olá, meu papai amado,

Hoje quem vai escrever essa carta não sou eu, mas sim algumas das muitas pessoas amigas que têm nos acompanhado nessa jornada. São pessoas que você conhece mais, conhece menos, algumas você nem conhece diretamente, mas que foram vivendo conosco nossa luta, nossa dor, e encontraram as palavras mais lindas possíveis que pudessem, de alguma forma, confortar.

Eu sempre vi essa coragem dos amigos e amigas em falar abertamente que estão conosco, que acreditam em nós, em dizer que sabem quem você é de verdade, como uma das maiores provas de amor verdadeiro e amizade profunda que apenas pessoas muito especiais conseguem dedicar ao outro, de forma tão generosa e verdadeira. Acho que ainda que tenhamos recebido muitas pedras, são essas pessoas, as anônimas para o grande público, mas as tão conhecidas e importantes para nós, as que vão nos dar a força necessária para levantar a cabeça e seguir em frente.

Veja, meu papis, algumas das muitas palavras especiais que recebemos ao longo de todos estes anos de injustiça e de massacre:

"Eu acredito nele, acredito no meu partido e no meu presidente. Acredito na sua família, acredito na sinceridade e no amor de vocês. *Acredito na minha amiga e em seu pai. Acredito em quem nunca precisou mentir. E nunca, nunca mesmo, sinta-se na obrigação de sair em defesa dele, de sua família e dos seus valores para os seus amigos. Não é preciso, minha querida, porque o respeito que vocês tinham que conquistar, JÁ ESTÁ CONQUISTADO, e não será abalado.*"

"*Estamos junto de vocês, torcendo para que tudo dê certo, e nunca se esqueça, que o vínculo entre pai e filha é algo muito mais sólido e puro que todo o resto. O amor entre pai e filho tem a solidez de uma rocha, é perene e não sucumbe ante as circunstâncias da vida.*"

"*É o essencial que precisa prevalecer: o essencial no qual você acredita, o essencial que pulsa dentro de vocês, o essencial que está nas pequenas grandes coisas, como o sumo do suco de limão que ele te leva na cama e a simples e verdadeira queijadinha que você compra pra ele. Conte com isso sempre!*"

"*Penso que a vida é um dom gratuito, algo que nos foi dado sem sabermos a razão e que a grandeza está em conseguir dela desfrutar sem medo de perdê-la, sem medo de doá-la em nome de um sentido maior que a ela atribuímos. Vejo o seu pai como um exemplo dessa entrega, um exemplo do qual somos tão carentes e do qual tanto precisamos para nos inspirar a trilhar o mesmo caminho. Por favor, transmita a minha solidariedade a ele, a minha gratidão e também o meu pedido para que não desanime, não perca as esperanças e continue esse importante projeto que já construiu até aqui. Nós precisamos dele!*"

"*Seu pai teve a força e a dignidade de lutar pela vida dele quando pequeno e, quando grande, de lutar por outras milhares que precisavam de apoio, que precisavam da voz dele para se fazerem ser ouvidos e vistos. Acho um orgulho poder, mesmo que de longe, conhecer seu pai. Poder dizer que existem pessoas guerreiras, que lutam pelo que acreditam é infelizmente um 'privilégio', quando deveria ser um fato. Todos deveriam ser assim. Mas se não o são, que o tomemos como exemplo... um belo exemplo...*"

"*Tenho orgulho profundo em ter dividido com ele muitos*

dos últimos anos em Brasília, que representam pra mim exemplo de abnegação, de determinação, de coragem e de honestidade. Poucas pessoas conheci que fossem tão insuscetíveis aos encantos proporcionados pelo dinheiro e pelo poder. Receba esta mensagem como sinal de gratidão e de amor ao Grande José Genoino."

Essas pessoas estiveram conosco em cada facada recebida ao longo de todo esse processo absurdo e injusto. Choraram por nós, nos abraçaram, levantaram polêmicas entre seus conhecidos e familiares, vieram a nós, bordaram e costuraram os pedaços do nosso coração com palavras de confiança, afeto e carinho. Eu tenho certeza de que no dia em que eu e você estivermos juntos de novo, livres, essas mesmas pessoas estarão novamente conosco, respirando felicidade, porque finalmente poderão ver que alguma paz chegou até nós. Isso é o que mais me emociona, que no meio de tanta mentira e manipulação, de tanto ataque e destruição, tenhamos conseguido juntar um grupo tão grande de gente que não nos abandonou e que dedica tempo, carinho e palavras para, de alguma forma, mostrar que estão aqui conosco.

Hoje, a minha carta leva o sentimento de muita gente também. Essa gente toda, assim como eu, não pode entrar aí na Papuda para te dar um abraço, te olhar nos olhos com admiração ou dedicar umas palavras verdadeiras. Mas podem chegar até você do mesmo jeito que eu tenho feito, por meio desta carta, por meio de palavras, de frases, de sentimentos escritos no papel que possam dar a você toda a força do mundo que te faça resistir a esse mundo de injustiça e de dor.

Eu te amo, meu papai amado. Que as palavras continuem nos unindo até o dia em que pudermos nos abraçar de novo.

Muitos beijos da sua.

Mimi

27.maio.2014

Olá, meu papai amado,

Hoje, faz um mês que eu e você não nos vemos. Um mês sem nos encontrarmos, sem nos abraçarmos, um mês sem olharmos um no olho do outro. Um mês. Um mês é tão pouco quando vou planejar as minhas aulas com meus alunos, é rápido demais quando conto o tempo para alguma data, é efêmero quando penso no crescimento da Paulinha e do Luismi. Quando vejo, já se passou um mês na vidinha deles.

Mas, um mês sem você é tempo demais. É muito tempo.

Nós já ficamos muito tempo longe um do outro, ainda mais depois que acabei me apaixonando por um espanhol, mas mesmo quando estava lá longe, sentia você muito perto, muito presente, e nossas conversas eram constantes. Pela minha voz você sabia quando eu não estava bem, conseguia dizer que estava em paz ou era capaz de notar quando a saudade estava apertando.

Agora, estamos há um mês sem nos vermos e nesse tempo, na maior parte dele, não nos falamos. A última vez que nos falamos foi dia Primeiro de Maio e, de lá para cá, quantas coisas eu gostaria de ter compartilhado com você sem ser apenas por palavras escritas... Mas, não dá... Sabe, papai, eu ia gostar muito se você pudesse mandar algum bilhete, alguma carta escrita para mim. Poxa, isso está proibido também? Mandar um recado? Uma carta? Não para divulgar nem nada, mas apenas para eu receber algo diretamente de você, sem intermediários, você falando direto para mim algo que me ajude a acalmar o coração...

Sabe, fiquei aqui lembrando do quanto já escrevi para você ao longo de nossas vidas... E além de todas as cartas e textos que fui escrevendo no meio desse processo louco, lembro das cartinhas e bilhetes que eu te escrevia quando era criança... Lembra da sua caixa de cartas e cartões? Tenho vontade de um dia rever aquelas mensagens tão cheias de inocência, de pureza, em um tempo tão bom, tão cheio de paz, mesmo com toda a loucura de sua vida política... Porque era um tempo em que você era feliz, e isso eu nunca vou esquecer, de como é ter um Genoino papai feliz por perto.

Eu não sei se um dia vamos recuperar aquela alegria dos cartões que estão na sua caixa, mas como te disse várias vezes aqui, acredito muito que o dia em que vamos subir a montanha vai chegar. Acredito, sim. Vamos subir juntos, respirar fundo e ouvir o silêncio da paz e do alívio de estarmos juntos sem ninguém por perto para controlar, atrapalhar ou manipular...

Um mês sem você demorou muito para passar. Mas estou cumprindo tudo o que prometi a você, estou cuidando muito da Paulinha e do Luismi, estou aqui junto com o Miguel e agora também cuido da mamãe, dando todo o amor para que ela não derrube o seu coraçãozinho machucado pela saudade e pela raiva da injustiça.

Espero que amanhã, na visita, você sinta de novo o quanto gostaria de estar com você.

Te amo, papai.

Beijos!

Mimi

30.maio.2014

Olá, meu papai que eu amo tanto.

Estou te escrevendo de dentro de um avião. Infelizmente, esse avião não está me levando para Brasília, para que eu possa te ver. Foi a primeira vez que vim para Congonhas depois que você foi preso na Papuda e foi muito estranho estar aqui por outro motivo que não ver você.

Logo ao entrar, senti muita falta da Paulinha e do Luismi, meus grandes e maiores companheiros nessas viagens. Olhei para a lanchonete onde comíamos um pão de queijo juntos e vi a banca onde, antes de viajar, eu comprava uma revistinha para eles... Lembrei da espera, da mudança de portões, tudo tão mais fácil de ser vivido por estar com meus dois filhinhos do lado. Eu me senti muito sozinha hoje, aqui em Congonhas, primeiro por não estar com eles e depois por não poder embarcar em um avião para ver você.

Estou indo para Curitiba, onde vou dar um curso sobre revisão de textos... Pois é, resolvi que era bom fazer essa formação porque sabia que o apartamento estaria por chegar, os gastos aumentando, tudo isso... Mas nunca imaginei que estaria aqui hoje viajando, dessa forma tão estranha, tão cheia de sentimentos... A mamãe estará em casa dando um apoio para o Miguel, e sinto que isso tem sido algo muito importante para ela, dar essa ajuda ficando com as crianças.

Essa semana, a minha amiga que é professora da Paulinha veio falar comigo para me dizer o quanto ela estava mais centrada, participando da aula, ativa na escola... E que ela tinha visto essa mudança desde que a mamãe voltou a morar aqui em São Paulo. Sei que são muitos sentimentos contraditórios, mas acho que a única forma de conseguirmos aguentar o que está nos acontecendo é mesmo ver sempre o lado positivo de tudo... E o lado positivo dessa coisa horrível que caiu sobre você, foi ter permitido que voltássemos a ter a mamãe perto da gente.

Todo dia, quando chegamos da escola, prestes a abrir a porta, o Luismi pergunta: "A vovó está em casa?". Porque acho que ele continua absorvendo esse mundo de mudanças, de pessoas, de idas e de vindas. E vejo o quanto, para ele, ter a mamãe perto significa um mundo de tranquilidade e paz nos caminhos que estamos vivendo.

Papai, meu amor por você não pode aumentar porque ele sempre foi e será do tamanho do mundo. Mas nessa distância enorme, nesse muro que temos agora entre nós, ao olhar para dentro de mim procurando por você, pude entender o quanto esse amor que sinto por você é grandioso e necessário para que eu exista.

Muitos beijos de todos no coração.

Mimi

01.junho.2014

Olá, papai!

Hoje é a minha primeira carta do mês de junho e, com isso, chegando ao dia 1º de junho, completamos um mês de sua injusta prisão. Há um mês atrás, eu estava dentro de um mar de sentimentos muito difíceis e confusos, me debatendo entre a agonia de te ver e a necessidade de estar com a Paulinha e o Luismi. No fim, pela situação, fui levada a estar com eles e ter de me despedir de você por telefone, espero que nunca me arrependa disso.

Meu maior medo, tanto agora quanto naquela vez em que eu estava em La Plata e você precisou ser operado, é o de não poder reparar essa dor da distância, o medo da gente não se encontrar de novo, o medo de que eu não volte a te ver e a te abraçar... Tenho colocado a minha mente para pensar positivo, para não olhar para isso dessa forma, mas é algo que me preocupa demais, saber quando te verei de novo para não ficar entre tantos sentimentos relacionados a não ter ido me despedir de você.

No almoço, a Paulinha falou bastante de você... Diz que sente um vazio na mesa, na casa, e que sempre que come sushi lembra de você! Mesmo que você nem coma sushi! Diz que gostaria muito de te ver... Eu e a mamãe explicamos que você não gostaria de encontrar com ela e com o Luismi na Papuda, que não é um lugar legal, mas ela fica mesmo nessa dúvida, nesse mar de perguntas. O Luismi eu sinto que não entende, mas se sente mais confiante agora que a mamãe está aqui. Ele apenas me pergunta se vai voltar a te ver e eu digo que sim, que com certeza vai te ver de novo.

Sabe, papis, fico muito emocionada ao perceber como meus filhos amam você e a mamãe de uma forma muito verdadeira, de uma forma que, infelizmente, não pude ter com meus próprios avós por conta das distâncias geográficas, no caso dos seus pais, e culturais, no caso dos pais da mamãe... Nunca vivi isso que a Paulinha e o Luismi vivem, esse amor, essa parceria com os avós, e fico vendo por eles o quanto isso completa a vida de uma criança! Não vejo a hora de que você possa de novo ver jogos de futebol com o

Luismi, levar os dois na feira, ou conversar sobre quando morava na mata como a Paulinha tanto gosta.

Estou em um momento um pouco sensível porque se aproxima a festa junina e a festa do Luismi, dois eventos que sempre contaram com sua ativa participação, com sua total integração e com todo seu carinho... Mas estou de verdade juntando as forças mesmo onde não tenho, para que você sinta aí dentro tudo o que tenho feito aqui fora para não desmoronar. Só espero que com tanta distância você não se sinta distante de mim, que entenda minha impossibilidade de te ver agora, mas que me mentalize sempre e da melhor forma que puder...

Te amo, meu papai querido, penso sempre em você.

Muitos beijos.

Mimi

02.junho.2014

Papai amado.

Tenho que te dizer que hoje não estou em um bom dia... Fui sentindo um aperto no peito ao longo do dia e agora, quando todos se preparam para te ver, essa minha sensação de estar de fora, de perder algo, de estar me distanciando de algo maior me corrói por dentro.

De verdade, papai, meu coração de filha deseja profundamente estar com você, e só eu sei o preço que estou pagando por essa ausência, por essa saudade. Eu me vejo em uma montanha muito alta e você em outra, bem na minha frente, mas a qual não consigo chegar.

Eu, de verdade papai, sinto muita, muita falta de ser "mimada" por você. De receber seus telefonemas, os simples, de oi, e os cheios de significado, aqueles de quando você me liga bem quando eu mais estou precisando. Sinto falta de suas conversas, de seus conselhos, de seus mimos todos, até os mais bobos, como me levar para comer um brownie ou mesmo me ajudar com algo, ou a lavar meu carro. Sinto falta de ter alguém cuidando de mim, e hoje em dia, já adulta, você ainda é uma pessoa que cuida muito de mim, e agora sinto menos isso perto de mim e, portanto, sofro de saudade.

Sabe, papai, vou te pedir algo estranho, mas mesmo assim vou pedir. Não deixe de pensar em mim, que não deixe de sentir minha falta, que não se acostume com minha ausência, por favor. Tenho muito medo disso, queria de coração que você soubesse o quanto estou lutando dia após dia para conseguir deixar meu coração, de alguma forma, perto do teu. Leio aqui a biografia da Hannah Arendt, tento lembrar dos seus conselhos sobre estar bem com o Miguel, vou seguindo com meus projetos, tudo para tentar estar perto daquilo que fomos traçando como caminhos nossos, de vida e de luta.

Espero que, na quarta, você sinta a minha presença, ainda que eu não esteja lá fisicamente, que sinta no abraço da mamãe o abraço que eu darei nela antes que ela vá para Brasília. Que sinta que dentro dos braços dela e da força do Nanan também tem um pedacinho meu que está aqui tentando, de todas as formas, aguentar esse mundo de injustiça e de saudade que me fazem sentir tantas coisas difíceis ao pensar em você aí, nesse lugar horrível.

Se você puder me ajudar, mandando pensamentos e sonhos de encontro, tenho certeza de que vou ficar melhor. Eu sei que só você sabe como romper esses muros todos para chegar até onde estou, esteja onde eu estiver.

Te amo, de todo coração. Sinto muito a sua falta.

Beijos,

Mimi

07.junho.2014

Olá, papai amado...

Sabe, nos finais de semana, é sempre mais difícil para mim pensar em você e na sua ausência, porque, de verdade, sei que as coisas ficam mais paradas aí e isso me aflige. E muito. Fico pensando em como você vai fazendo para que as horas passem... Em especial, penso bastante no domingo, amanhã, que é o aniversário do Luismi e isso estará aí na sua mente e no seu coração.

Nestes últimos dias, sinto que a mamãe está bastante saudosa da sua presença, da sua companhia... Estes meses todos, em que vocês dois estiveram tão juntos, deixaram uma marca, e agora que ela está, de alguma forma, com mais liberdade para ir e vir, está aqui sem você, cheia de sentimentos e de expectativas. Eu faço o que posso para estar perto dela, papis! As crianças, vejo que ajudam bastante também...

Hoje, nós fomos na festa junina da escola... Foi bem bacana, daquele jeito que você sabe, mas na dança da Paulinha, uma ciranda, foi difícil segurar a emoção. Cada coisa que você perde e que não tem volta é uma pequena facada no meu coração, pela tristeza do que você está perdendo e pela raiva com a injustiça da situação. Eu coloquei para fora o que estava sentindo e foi bom estar em um ambiente amigo, onde as pessoas sabiam, mas respeitaram meu espaço de tantos sentimentos. A Paulinha ficou mexida também, mas focou toda a energia na alegria, na festa, na empolgação de estar com as amigas mais queridas... Acredita que ela ficou na festa das 10h30 da manhã até às 21h? Energia para dar e vender... Agora está aí, super capotada, descansando o máximo que pode.

Para mim, o momento bom vai ser quando a gente subir a montanha. Quando estivermos lá só nós, sem ninguém no meio, nada, só nós. Enquanto esse momento não chega, vou colocando todo meu amor e todo meu carinho nestas palavras que, espero, que cheguem até você e levem a marca da nossa história, uma história de amor e de muita luta também. Estamos juntos!

Te amo, papai...

Beijos da sua,

Mimi

08.junho.2014

Olá, meu papai amado,

Hoje é dia 08 de junho e seu neto caçula, seu amado Luismi, completou seis anos de vida. Parece que foi ontem que ele nasceu e veio ao mundo trazendo para nós paz, alegria e serenidade! Lembra de quando você foi para Sevilha conhecê-lo? Seu espanto com a tranquilidade dele, até as 'siestas' vocês dois faziam juntos! E de lá para cá, seu encanto e amor por ele só foram crescendo e crescendo e hoje meu filho tem o privilégio de ter um avô que, para ele, é uma referência de carinho, amizade e parceria. Pode ter certeza de que o Luismi chega aos seis anos assim, sendo esse garoto maravilhoso graças à sua presença na vida dele, papai!

Não sei como foi seu dia hoje, como pensou no Luismi, na festa, em todos nós juntos, mas o que quero que saiba é que você esteve presente entre nós em todo momento. Foi bonito porque a Mari e o Pedro vieram de Brasília, estávamos todos juntos, mas conseguimos focar toda nossa energia no Luismi, e não pensar em tudo de ruim que tem tomado conta de nós nos últimos tempos. Para mim, foi uma vitória ter ficado de cabeça erguida, sorriso no rosto, recebendo os amigos, no dia que era do nosso fofucho.

Eu pensava que ia aguentar não chorar na hora do parabéns, porque é um momento em que tenho uma forte recordação das suas mãos, grandes, presentes, batendo palma e sorrindo de todas as formas possíveis, para o aniversariante. Lembro como, depois de cada parabéns, você sempre ia dar um beijo nas crianças, mostrando todo seu carinho e toda sua emoção por aquele momento lindo das nossas vidas. Não sei, papai, mas eu achava que ia chorar no parabéns. Mas quando vi, olhei e tinha tanta gente junto, mandando coisas boas para o Luismi, tinha tanta energia boa, tinha tanta vida, que não dava para chorar. E de alguma forma, não sei como te explicar, vi que você estava lá. Sim, estava lá. Não como eu gostaria, mas a sua presença era real, como se de longe você tivesse ficado sabendo que era a hora do parabéns e tivesse mandado você, de alguma forma, até nós. Para mim, a alegria era tanta pelo Luismi, que só pensei em como aquilo era uma prova enorme de sua presença entre nós, para além de todos os muros que nos separam.

Eu fico muito emocionada quando penso em você e na nossa separação. Fico pensando o que isso significa e como vou sair disso tudo, mas, por enquanto, o que percebo é que tudo o que estou vivendo de dor está me ensinando a ser mais forte, e isso, para mim, é algo que preciso olhar com cuidado, pois me mostra que não vamos dar chance aos que querem nos derrotar. Eles tentaram acabar com a gente, mas nós encontramos formas muito especiais de vencer todas as correntes de ódio e deixar que o amor, as coisas boas, ficassem constantemente entre nós.

Te amo, meu papis. Hoje foi duro sem você, mas sei que nos próximos você estará conosco e isso já alegra meu coração.

Saudade imensa...

Beijos,

Mimi

10.junho.2014

Olá, meu papai amado,

Meu coração está totalmente e absolutamente em frangalhos de saudade de você. Existem momentos da minha vida, como no aniversário do Luismi, que eu consigo sentir você perto, saber da nossa relação, entender a necessidade da força do que há entre nós, mas depois, sempre na terça e em especial na quarta, fico com o coração apertado, chorando de saudade por não poder estar com você... Eu sei que as coisas estão melhorando, que as perspectivas são, em teoria, mais favoráveis, mas o fato é que continuamos afastados e isso dói demais dentro de mim.

Eu olho para a minha vida e percebo que você sempre esteve, de alguma forma, acompanhando o meu percurso como um ponto de apoio, de referência, de direção. Você me dava a mão e me ajudava a saber quando era preciso seguir em frente... De verdade, eu só consegui cuidar da minha mudança para o Brasil quando você entendeu e passou a me ajudar a sair da Espanha. Você me via com tantos problemas, sempre conseguiu separar o Miguel de tudo e focar em mim e na família, dando toda a ajuda necessária para que mantivéssemos nossa estabilidade.

Agora, me sinto solta, mas perdida, volátil sem você por perto. Talvez a vida tenha achado melhor assim, dar esse tempo e essa distância entre nós para que eu consiga me fortalecer individualmente, para que me vire mais sozinha, para que amadureça e acredite naquilo que posso. Mas acho que isso só vai ser possível de um jeito bom, quando você sair daí e eu puder fazer isso, essa reflexão, tendo acalmado meu coração da sua ausência.

Hoje, a Paulinha e o Luismi me perguntaram se eu não podia dizer exatamente quando eles iam te ver. Eu disse que achava que poderia ser nas férias, e eles me responderam: "No primeiro dia de férias?". Que fofinhos... Eles sentem muita coisa junta, sentem a saudade, sentem dor, mas sentem uma vontade desesperada de seguir em frente, de cuidar da vida, de seguir um rumo que faz que todos sigam também. Criança tem isso de lindo, uma força de impulsão, de velocidade, de vida.

Eu, às vezes, tento me colocar no lugar da Paulinha e do Luismi para pensar o que deve estar passando na cabecinha deles sobre toda essa confusão da nossa vida, mas, depois, paro, porque sempre aquilo que penso é mais confuso do que acho que deve ser para eles dois. O que a Paulinha e o Luismi querem é ver as pessoas felizes ao redor deles, é ver que a vida segue, é saber que as coisas boas vão continuar acontecendo para eles. A volta da mamãe nesse sentido foi para eles um alívio, uma benção, uma forma de continuar acreditando que, às vezes, as coisas melhoram...

Eu também quero acreditar, hoje mais do que nunca...

Te amo, meu papis.

Beijos,

Mimi

12.junho.2014

Olá, papai lindo,
Nosso Brasil ganhou!!! Que bom! Como foi aí para vocês?
Eu pensei tanto, mas tanto em você, em como estaria sendo viver
outra Copa em uma prisão, mas lembrei muito da sua cabeça
erguida com a certeza e a tranquilidade dos inocentes e tive certeza
de que você conseguiria aproveitar esses momentos tão especiais.

Aqui, na sua cidade de São Paulo amada, foi feriado hoje,
então, o dia era de festa e alegria, o tempo todo. As ruas foram
se enchendo de bandeiras, de colorido, de curtição e fomos cada
vez mais ouvindo rojões, gritos e muito verde amarelo ia surgindo.
Minha turma da pedagogia veio aqui em casa; o marido da Ju, o
Luiz, fez feijoada (a mamãe teve folga…) e vieram, além deles, a
Sil com o Carlos e a Estelinha. Achei bom ter sido aqui porque a
mamis estava muito mexida, acho que com tudo, com a visita de
ontem, com a questão do que aconteceu com o Pacheco, com a
angústia mesmo, e não sei se teria ido com a gente ver o jogo em
outro lugar. Como foi aqui, ela ficou, e acabou se empolgando, foi
se envolvendo e terminou muito feliz, vendo tudo intensamente,
comentando, rindo e gritando junto em cada gol.

A animação era enorme! Mando uma fotinho para você ver:

Não tá legal? O Miguel viveu como deu o dia de hoje, porque claro, para ele é tudo diferente e eu, apesar de ficar enchendo o saco para ele torcer para o Brasil, sei bem como é difícil, e estranho, viver uma Copa do mundo fora de seu país. Mas ele curtiu estar com nossos amigos e só isso já valeu muito a pena!

As crianças viveram intensamente também. Se vestiram, se pintaram, gritaram e viram o jogo todo com a gente, vibraram muito e achei emocionante, porque essas são recordações que ficam para sempre com a gente, eu tenho certeza disso.

Sabe, papis, aconteceram coisas chatas que talvez você tenha visto, como terem xingado a presidenta Dilma ou ficarem falando do pênalti que não foi, mas estou decidida a não me contaminar com esse espírito do mais puro realismo pessimista, do tipo: "Como comemorar, como celebrar se… O juiz isso, se a educação aquilo, se o estádio aquilo outro". Estou passando pelo pior momento da minha vida, mas nada vai me roubar a alegria de torcer pela seleção. Nada. E acho que você deve estar vivendo isso da mesma forma.

Ontem li a carta que o Nanan mandou para você e achei a coisa mais linda… Bom, você sabe que tudo que vem do Nanis para mim é ouro, mas eu via na carta esse sentimento dele lindo, de viver um sonho, o sonho de uma Copa, e da fortaleza dele de conseguir lidar com isso junto com o que está acontecendo com a gente, que é ruim e insuportável. Ele sabe que você quer que ele viva a Copa como sempre sonhou, e isso é uma liberdade que você nos dá que nada na vida pode valer mais.

Te amo, papis… Seguimos juntos apoiando a seleção.

Muitos beijos,

Mimi

14.junho.2014

Olá, papis!

Hoje foi um dia em que pensei muito em você, mas diferente de como penso sempre... Sabe, todos os dias penso em você, evocando sua presença, imaginando como está passando seus dias, de que forma vai vivendo essa vida injusta aí longe de nós. Ou seja, na maior parte das vezes, fico pensando em você aí na prisão, em como estará e na falta que sinto de você. Pensei em você hoje de um jeito diferente, pensei em como pude sentir coisas que você com certeza sentiu, e pude pensar em você fora daí, em suas escolhas e na sua presença na minha vida.

Explico...

Hoje de manhã, o Miguel foi com a mamãe e as crianças para Ubatuba, porque a Paulinha tinha um evento de escalada, a aula que ela está fazendo e amando, na praia de Fortaleza, olha a coincidência. Eu não pude ir, infelizmente, porque dei curso de formação hoje, e ainda que não tenha sobrado muito tempo para sofrer com isso antes, hoje, na hora em que eles entraram no carro e se foram, eu fiquei muito sentida.

E pensei em você...

Quantas vezes você não deve ter sentido o mesmo que senti hoje? Essa vontade louca de largar tudo e ficar com sua família, esse desejo de não pensar em mais nada e apenas aproveitar os filhos, essa raiva de ter feito escolhas que acabam sacrificando a sua família. Eu fiquei às voltas com isso o dia todo, porque eu queria muito ter ido com eles... Ia me fazer bem demais ir a uma praia que não vou há não sei quanto tempo, mas, mais do que isso, eu não queria ter perdido um momento importante dos meus filhos. Mas o fato é que perdi.

Porém, sei que são os meus cursos que nos dão o suporte para conseguir cuidar e montar o meu apartamento tão sonhado, porque se não fizesse isso, muita coisa não poderia acontecer. E, com isso conformei-me, mas com o coração apertado o dia todo. Foi um dia lindo lá em Ubatuba... Céu azul, sol, e uma atividade que envolveu não só a Paulinha, mas o Luismi também. Falei com a mamãe agora à noite e ela disse que foi muito bom, que sentiu uma energia muito boa e que estava precisando daquilo. Fiquei feliz por ela!

Depois do meu curso, resolvi algumas coisas, dei um jeito em outras e voltei para casa. Sozinha. Nanan em Salvador vivendo o sonho da Copa, o resto da família fora e você aí longe... Não sei quanto tempo eu não ficava sozinha aqui na sua casa, acho que fazia muito tempo... Enfim, não quero ficar mal nem colocar a minha cabeça em sofrimentos desnecessários, porque as férias estão aí, semana que vem temos um feriado, e com isso, vou poder aproveitar e estar com meus pequenos.

As escolhas da vida são sempre muito duras, papai, mas o que segura a gente é saber que aquilo que nos afasta de quem amamos, também nos fortalece para que essas pessoas tenham uma vida um pouquinho melhor.

Obrigada a você por tudo o que fez para que eu pudesse ter vivido a minha vida com vários momentos especiais.

Te amo, papis! Que saudade...

Beijos,

Mimi

19.junho.2014

Olá, meu papai querido,

Te escrevo em um dia de muito frio aqui em São Paulo. Relembro que há 12 anos falecia o meu querido amigo Janjão. 12 anos... Parece que foi outro dia que eu soube da terrível notícia e tive que encontrar forças, sei lá onde, para vencer aquela dor que parecia que não ia terminar nunca. Você, como sempre, foi meu ponto de apoio, minha força e minha estabilidade, e hoje, relembrando essa data triste, relembro para reavivar em meu coração aquela gratidão e aquela alegria por ter um pai que sempre esteve presente quando eu mais precisei.

Desde ontem que a Espanha foi eliminada da Copa, tenho pensando em muitas coisas, no significado de ser de lá também, de ter filhos espanhóis, um marido espanhol, e fico lembrando de quando eu morava lá e da saudade que sentia daqui. Não tem nada a ver com o que você está passando, mas, de alguma forma, lembro do desespero, da vontade de dar um jeito e resolver a saudade, da revolta que me dava com tudo o que era de lá. Lembra quando você foi me visitar, alguns meses antes da nossa mudança? Lembro em detalhes da sua visita, do seu carinho e da fortaleza que aquela sua ida representou para mim, para meu desejo de sair de lá.

Sinto muita falta deste seu apoio firme, desta sua forma tão especial de me incentivar, de me ajudar a encontrar o caminho certo para aguentar e vencer os desafios. Minha vida agora é um mundo de nós a serem desatados, alguns ao mesmo tempo, e tenho que ficar aqui controlando minha mente para conseguir aguentar e não deixar tudo despencar de uma vez. O principal é você, a saudade, o estar longe da nossa relação, essa instabilidade para a mamãe também, tantas coisas... Mas depois tem a questão dos desafios do mestrado, meus trabalhos, as crianças, meus amores, o Miguel e o apê.

Hoje, fomos lá no apartamento e aproveitamos conhecemos um novo restaurante japonês bem legal, super perto do outro, onde agora está trabalhando aquele sushiman que gosta de você, mesmo você não comendo os sushis dele. Foi uma delícia, papai! Uma delícia! As crianças amaram, mas a Paulinha ficou com uma carinha e disse que lembrava muito de você indo aos restaurantes... E prometemos que iremos lá com você um dia. O Luismi, agora só quer saber se no aniversário dele de sete anos você estará presente, e nós falamos com alegria que sim, que você estará.

Amanhã vou para Joanópolis... Acho que vai ser bom subir a montanha, ainda que sem você do meu lado. Vou vislumbrar o dia em que subiremos juntos, unidos, como deve ser.

Muitos beijos... Te amo,
Mimi

20.junho.2014

Olá, meu papai lindo,

Te escrevo do alto da montanha que eu sonho tanto em subir com você no dia em que estivermos livres desse mundo de injustiça e tristeza, desse mundo de separações e angústias. Eu sonho, como já te contei, com o dia em que viremos juntos e estaremos só nós, sem mais ninguém no meio, nem condições, nem acordos, nem mensageiros. Só nós, eu e você.

Quando chegamos em Joanópolis fiquei um pouco atônita, e foi muito estranho porque estávamos com uma nuvem atravessando a casa... Estávamos literalmente no meio de uma nuvem, dava para sentir aquele molhadinho atravessando a gente, um nublado passando e eu senti a presença de algo ainda não resolvido, de algo que estava ali nos envolvendo e criando uma película que separava a gente do nosso paraíso, da paisagem bonita. Essa nuvem era a sua ausência, era a falta que você faz, era a concretização do quanto o universo ao nosso redor se ressente por não termos você conosco. Logo depois, a nuvem foi embora, o sol saiu e eu pude olhar o céu bem azul, bem mesmo, e desejei que você também pudesse ter olhado para esse céu hoje, permitindo que a gente se conecte de alguma forma.

Foi bom ter vindo para cá porque a mente fica de alguma forma preservada, fazemos quase que uma limpeza mesmo, porque estamos em um silêncio incrível, no meio de um ar muito puro e de uma sensação de paz enorme que nos envolve de todas as formas possíveis. Sinto profundamente que você precisa demais disso... Sabe, papis, tenho aqui dentro de mim que quando você sair desse lugar horrível, teremos que fazer uma limpeza profunda de seu corpo, de sua alma, retirar dos seus poros, do seu ser, esse vestígio de desumanidade, injustiça, dor, tristeza, e a marca da separação, da ausência. Uma das limpezas será vir para cá, ficar preservado, puxar a energia da natureza, de tudo o que é bom.

Você precisa me contar, de verdade, como faz, como fez,

para aguentar essa situação, como fez para controlar a sua cabeça, você que já esteve preso e precisa pensar no que significa estar assim de novo, novamente por injustiça... Sua mente forte nos fortalece também...

Beijos, meu papai lindo, te amo!

Mimi

22.junho.2014

Olá, papai amado,

Escrevo a você, neste final de domingo, a minha carta número 50. Cinquenta cartas para você que representam não só o meu desespero em pensar em uma forma para que possamos nos sentir perto, como também 50 cartas que mostram o tempo de nossa separação, da ausência, desse mundo de saudade. Cinquenta. A primeira foi no seu aniversário, dia 03 de maio, e fico aqui sonhando e pensando em quando será a última, em quando poderei parar de escrever para poder ter a liberdade de falar com você na hora que quiser, do jeito que quiser... Meus sonhos são todos esquisitos e confusos por conta dessa angústia de não estar livre para estar perto de você.

Nosso feriado foi bom, pudemos relaxar um pouco do baque da eliminação da Espanha, fomos para Joanópolis, ficamos com nossos amigos na chácara deles, e cuidamos da mamãe, de estar com ela, de tê-la ocupada com as crianças, com os afazeres, com tudo. Estamos bastante ansiosas, sem saber o que esperar e o que a semana vai nos trazer. Esse é um sentimento que não consigo controlar.

Eu lembrei bastante de uma viagem nossa antes de começar o seu julgamento, em julho de 2012. Lembro que fui com a mamãe e as crianças para Joanópolis e ela ficou falando do julgamento, das expectativas e eu querendo fugir daquela conversa. Lembro perfeitamente que, naquele momento, pensei: "Não vai acontecer nada com o papai. Não vai. As pessoas sabem que ele é honesto, ele não fez nada, vai dar tudo certo". E fiquei com isso a viagem toda... Lembro que fiquei como uma louca, mas disfarçando das crianças, tentando encontrar um trevo de quatro folhas, porque aí seria um sinal de que você seria absolvido... Mas, não quis falar isso, em voz alta nem para a mamãe porque se não achasse, que foi o que aconteceu, eu não queria ver naquilo um sinal de que tudo daria errado.

Não achei o trevo e deu tudo errado, mas tento pensar que aquele momento foi importante para a minha entrada no seu processo, foi uma forma de pensar: "Por mais que tudo esteja caindo, sempre vou encontrar forças para pensar em algo que pode me trazer sorte". Eu acho que esse meu ímpeto de buscar outras forças, outros caminhos foi me fortalecendo quando mais precisei, fui sempre encontrando a minha fé de que existe alguém, de que existem forças maiores, que estão cuidando da gente, e, especialmente, que estão cuidando de você.

Nesse final de semana, voltei a olhar aquele mundo de trevos e não achei nenhum de quatro folhas, mas não estava mais precisando encontrar nenhum... Teria sido legal achar um, mas agora, depois de tudo o que passamos, sinto que o principal não é a sorte, mas sim a força, para aguentar os dias, os momentos, as expectativas e saber esperar. Acredito profundamente que, depois de tudo isso, aprendi a dar valor para muita coisa nessa vida que eu não dava antes, e tenho certeza de que só o fato de estarmos assim unidos, mesmo com tantos muros e tantas grades nos separando, é uma demonstração de muita força, de uma força maior que muita gente nunca, jamais encontra na vida. O amor, né, papis, o amor...

Termino aqui a minha carta 50, esperando que eu não tenha que escrever muitas mais depois dessa. Termino a carta 50 mandando 50 milhões de beijos a você e mandando do fundo do meu coração todo meu amor, carregado da saudade que se os trevos, forças, deuses e luzes permitirem, poderá acabar logo, logo.

Te amo, meu papis.
Beijos e beijos,
Mimi

24.junho.2014

Meu papai lindo,

Hoje é terça-feira e amanhã o Supremo Tribunal Federal (STF) julgará o nosso agravo relacionado à sua condição de saúde. Hoje, despedi-me da mamãe sem saber bem como, sem saber quando nos veremos, e o que acontecerá nesse caminho. Já sofri muito por isso, por não saber, não planejar, mas agora deixei de sentir angústia por isso, porque sei que a nossa força não está mais no antecipar o que virá e, sim, na fortaleza de que estaremos juntos e unidos, custe o que custar.

Eu não consigo ter esperanças, não consigo mesmo. Mas também não quero ser pessimista, como tem sido algo muito visto pelas pessoas que acham que o melhor caminho é o do esperar o pior. Apenas tenho medo, medo de filha, de que mais uma vez os interesses escusos daqueles que te colocaram nessa situação, prevaleçam, de que mais uma vez a covardia ganhe da coragem e da verdade. Tenho medo, mas não vou me paralisar por isso. Não mesmo.

Você, papai, me ensinou que diante de todas as adversidades, a maior vitória é seguir em frente. É não parar a vida, é encontrar a sua fortaleza, é seguir. Sempre. Diante de todas as tragédias que caíram sobre nós, sempre mantivemos o caminho andando, fosse para as pequenas grandes coisas da vida da Paulinha e do Luismi, como um aniversário ou um jogo de futebol, fosse pelas grandes pequenas coisas da nossa vida cotidiana, como o apartamento ou meu mestrado. Olho para trás, e mesmo com tanta coisa ruim acontecendo conosco, conseguimos seguir, e isso, por si só, é uma vitória...

Assim, meu papai, não sei como vai ser amanhã, eu não sei o que vão decidir e não sei como vou ficar depois disso, só te digo uma coisa: eu vou seguir. Aconteça o que acontecer, estarei aqui, sempre presente, pronta para encarar o que for preciso para mostrar que a nossa equipe é forte. Eu, você, mamãe, Nanan, Mari, Pedro, Miguel e as crianças. A equipe. E todos os que estão nos apoiando também. Vamos na nossa corrente positiva para que apenas coisas boas circulem no ar que respiramos. Daqui de longe te mando meu ar cheio de amor, afeto, saudade e muita, muita força.

Te amo, meu papai amado...

Muitos beijos,

Mimi

25.junho.2014

Meu papai amado,

Logo que o ministro do STF falou as suas duas primeiras frases, já soube que o resultado seria a derrota. Infelizmente, depois de todos esses anos de tortura emocional e psicológica, meus ouvidos sabem ler muito rapidamente a guilhotina da covardia e da injustiça subindo bem rápido, se preparando para degolar a gente, bem ali, onde dói. Porque dói muito ouvir da boca de alguém que representa algo importante em nosso país, que existem muitas provas de que não tem nada grave, enquanto eu, você, nós sabemos de um jeito tão duro e real, que a vida quase te levou, que você precisa de cuidados e que as coisas não estão bem aí na Papuda.

Ai, papai, me doeu fundo no peito ouvir que a justificativa para você estar em um presídio e não em casa, mesmo com sua saúde debilitada, é o fato de existirem muitos outros presos nessa mesma situação. Que mundo é esse, meu Deus, em que as pessoas querem igualar a injustiça e não a justiça? Que mundo é esse em que queremos castigar você porque existe gente em uma situação tão horrível quanto a sua? Que mundo é esse?...

Tenho tanta raiva...

Mas vou vencer esse sentimento.

Ontem, papai, escrevi aos meus amigos e amigas que eu não tinha esperanças sobre a decisão de hoje e recebi mensagens que nem sei como descrever, permeadas de amor, de presença, de carinho, de amizade e de muita esperança. Não sei como essas pessoas estão se sentindo hoje, porque toda aquela corrente acreditando que sua situação melhoraria viu hoje o muro da injustiça colocar mais um tijolo na sua história, mas acho que elas continuarão nos mandando, da forma que for possível, sentimentos verdadeiros de paz, de fraternidade, de verdade e de luz. E com isso, sinto-me esperançosa.

Hoje, depois que a realidade se fez presente, senti um buraco no fundo do peito e pensei: de onde vou tirar forças para acreditar na vida? No bem? De que vale a pena fazer coisas boas? De onde? Como educar duas crianças, meus filhos, para que acreditem, lutem, vivam a verdade e a bondade? Como? E não conseguia encontrar a resposta... Foi olhando as nossas fotos que encontrei o caminho... Achei uma foto linda de você segurando a Paulinha pela primeira vez. Que foto linda, meu papai, que foto linda...

Era 2006, você tinha acabado de conseguir se eleger para a Câmara dos Deputados depois de toda essa tragédia na nossa vida, e, finalmente, conseguia me encontrar para conhecer sua neta, sua primeira neta. Lá na foto o que existe é isso. Vida, muita vida, emoção e alívio, muito alívio. Alívio por ver que a vida nos reserva esses pequenos grandes milagres que fazem tudo ter algum sentido. Alívio por saber que tínhamos conseguido vencer 2005 e sermos fortes para viver o nascimento da nossa Paulinha, em 2006. Alívio por ver que a vida segue, e que, de alguma, forma existe uma força maior que sempre mostra que, por maior que seja a maldade, sempre o que é bom e justo busca uma forma de se fazer presente. Alívio.

Essa é a foto que eu evoco hoje, papai, a foto da vida, da vitória, da esperança. Você me ajudou a vencer o medo que passei com todos os meus problemas e angústias relacionados à maternidade e me fez ter forças para acreditar que eu realizaria o sonho de ser mãe.

Agora, está aí dentro, e mesmo assim, longe de mim, consegue me mandar, de alguma forma, suas mensagens de fé e de esperança, de luta e de paz, de verdade e coragem, porque existem duas crianças aqui lutando desesperadamente para seguir em frente, para ver sua família bem, para um dia reencontrar o avô.

Termino essa minha carta 53 mandando a você, papai, todo meu amor, todo meu afeto, e toda minha saudade, mas termino principalmente essa carta com as palavras da sua netinha querida: eu acredito que um dia tudo vai ficar muito bem.

Te amo... Semana que vem estou aí para te visitar.

Muitos beijos da sua sempre,
Mimi

26.junho.2014

Olá, meu papai amado,

Escrevo a você daqui da escola de futebol do Luismi. Estou fazendo minhas coisinhas e olhando o seu netinho treinando e entrando nesse mundo futebolístico de cabeça... Fico lembrando de como o nosso pequeno amava os carrinhos, e só os carrinhos, e de como achávamos que a paixão dele pelo futebol ainda não aconteceria, e de repente veio.

Papai, se você visse o Luismi com a Copa do Mundo ficaria até emocionado! Ele está super empolgado, a mil por hora, vendo todos os jogos, acompanhando e sabendo de tudo! Ele ganhou uma tabela da Copa de uma amiguinha da classe e anda com essa tabela para cima e para baixo, anotando os resultados, comentando as eliminações e tudo mais. Tem ficado tão envolvido, que até a Paulinha entrou na onda e está super envolvida com a Copa. Você sentiria muito orgulho se visse como estão, com esse mundo do futebol, que você gosta tanto.

Resolvi contar para você do Luismi porque acho que em um dia como hoje, depois do que nos aconteceu ontem, apenas podemos evocar as coisas boas da vida, as maravilhosas, para encontrarmos de alguma forma a maneira de seguir em frente. Eu sei que hoje você sentiu a força da injustiça, da dificuldade, da desilusão de não poder sair daí. E, por isso, sei que preciso mentalizar muito forte você, nossa relação, nosso amor, para que você sinta aí que daqui de fora estamos mandando toda energia possível e imaginável para que existam forças para lutar.

Eu passei o dia mentalizando a Paulinha e o Luismi. Fiquei me apegando e pensando em todos os momentos lindos e especiais que pude viver na vida graças a eles dois, momentos que não dependeram de ter dinheiro, de poder fazer uma viagem cara, ou comprar um presente daqueles, mas momentos únicos, especiais, que vieram da simplicidade de termos crianças em nossas vidas.

Lembrei da Paulinha fazendo carinho em você, encostando a cabecinha na sua barriga e perguntando: "Vovô, por que seu umbigo é assim?". Pensei no Luismi sentado do seu lado, vendo um jogo de futebol e perguntando a você o que era 'falta' e que um jogador não podia pisar no pé do outro. Evoquei com toda certeza a imagem dos dois correndo felizes na terra do sertão de Quixe-ramobim, comendo torresmo, tomando banho no rio e dormindo gostoso, gostoso, em uma rede da casa dos seus pais. Senti dentro de mim aquele calorzinho, aquela coisa boa que vem e que a gente sente sempre que olha para eles dois.

Pensei nisso, papai, e em todas as coisas boas que a Paulinha e o Luismi já trouxeram para a sua vida desde que vieram ao mun-do. Eles vieram ao mundo depois da nossa tragédia, e veja quantas coisas boas puderam trazer para nós! Valeu a pena superar e aguen-tar, com certeza, valeu...

Eu estou tentando assimilar tudo isso, mas agora me aquece a certeza do nosso encontro, na próxima quarta-feira. Penso no seu cheirinho gostoso, no seu abraço forte, nos seus olhos, tão profundos, tão verdadeiros. Penso em você e em como vai ser bom a gente se reencontrar, para que possamos aliviar os nossos cora-ções.

Força, meu papai, porque se você estiver forte e firme, nós aqui também estaremos. Vamos vencer tudo isso e continuaremos lutando até o fim por você e por sua inocência...

Te amo demais... Sei que um dia conseguiremos olhar para trás e reconhecer que soubemos vencer esse mar de tristeza.

Muitos beijos,
Mimi

29.junho.2014

Olá, meu papai, olá minha vida, meu papai amado,

Mais um domingo se passou, um dia em que penso de forma especial em você, porque sei da rotina mais parada na Papuda, em um dia tão tão com cara de família! E sei o quanto está rondando em sua cabeça a proximidade da despedida dos seus companheiros, pessoas que ficarão para sempre com um lugar muito especial na sua vida, e com isso, na nossa também... Na minha cabeça ronda muito isso que você vai viver, e veja como são as coisas, no fim eu nem encontrarei com eles aí, eu nem poderei dar o meu agradecimento de filha por todo o cuidado que sei que tiveram com você... Por isso, papis, escrevo aqui uma mensagem para os seus companheiros de cela, para o Zé Dirceu e o Delúbio, e se der tempo, e você puder, leia a eles:

"Zé e Delúbio, existem muitas coisas tristes que entraram em nossas vidas desde 2005 e em especial, desde aquele 15 de novembro de 2013. Mas muitas coisas especiais e únicas aconteceram também, como ver de forma clara o significado profundo e verdadeiro das palavras companheirismo e solidariedade. Vocês dois, junto com meu pai, poderiam ter rachado, poderiam ter se ferido, poderiam ter se afundado nesse mundo de injustiça no qual colocaram vocês, e não fizeram isso... Se mantiveram unidos, parceiros, mantendo as suas lutas particulares, claro, mas mostrando união quando tudo o que os outros queriam, aqueles outros ávidos por nosso sangue, era a destruição.

E no meio de tudo isso, veio a doença do meu pai. Tudo já teria sido péssimo, mas apareceu essa condição dele e o tempo todo nosso coração tremendo... E vocês dois, de novo, mostraram o verdadeiro significado da palavra companheiro. Eu sei que cuidaram do meu pai, sei que fizeram tudo o que foi possível aí dentro para ele estar bem, sei que tentaram fazer por ele aquilo que nós, que a família, gostaríamos muito de poder fazer por ele mas não podíamos, não pudemos, não podemos. Eu nunca, nunca vou esquecer disso, nunca. E a vida também não.

Agora, chegou a hora da despedida, da separação, momentânea, claro, mas uma separação. Eu sinto que isso tem sido o pior para meu pai, a despedida, mas sinto também que ele já encontrou um caminho de força para superar isso... E vai superar. E, por isso, antes da despedida de vocês mando aos dois essa mensagem de agradecimento, de carinho, de gratidão, por tudo o que fizeram por meu pai, e por tudo o que ajudaram nos cuidados que ele tanto precisa.

Um dia, iremos nos encontrar, espero, todos, vocês, famílias, tendo vencido esse tempo de tanta dor e injustiça, e, nesse dia, espero dar o sorriso mais verdadeiro e aliviado do mundo, porque será o sorriso da vitória de todos nós, a vitória de termos superado cada uma das dores que fomos vivendo nesses momentos tão difíceis...

Um grande abraço, muito obrigada...
Miruna"

Eu senti pela mensagem do nosso amigo que você conseguiu achar um ponto de apoio, uma estabilidade para viver essa despedida, papai, e espero não estar enganada na quarta, você poderá me contar... E acho, papis, que você tem nas costas uma preparação grande da vida, para viver e vencer as despedidas. São tantas que penso hoje... Despedida da família no sertão de Quixeramobim, despedida da mamãe na época da ditadura e da prisão, despedida de amigos que ficaram nesse caminho... Despedida de mim, quando fui para a Espanha, despedida de vocês, quando voltavam ao Brasil, despedidas. Sempre nesses momentos, e foi o que vivi nas nossas muitas despedidas, sempre a sua frase: cada um é livre, e por isso, cada um segue seu caminho. A crença na liberdade do outro sempre deu o alívio de que vencer a despedida é abrir espaço para o outro, por isso, sei que você vai vencer mais essa despedida também...

Meu papis, tenho apenas uma meta em minha mente: que chegue logo quarta-feira. Juntos, de novo, por fim.

Beijos da sua,
Mimi

01.julho.2014

Olá, meu papai amado,

Quando você ler essa carta, nós já teremos nos encontrado. Já terei conseguido vencer todos os muros, barreiras e portões para chegar até você. Estarei livre da agonia de não te ver por tanto tempo, teremos conversado e já teremos olhado um para o outro sem ninguém para interferir ou nos atrapalhar. Nós.

Mas hoje, quando escrevo essa carta, esse encontro ainda não aconteceu e, por isso, ainda sou um poço de sentimentos e de ansiedades... Como será a hora em que a gente se encontrar? Onde você estará? Como estará? Como eu estarei? Como é o lugar onde você fica? São tantas perguntas, tantas vontades, tantas maneiras da minha cabeça tentar assimilar o que está acontecendo com a gente...

As crianças, como você já saberá ao ler está carta porque eu terei contado, estão bem. Vieram comigo para Brasília, ou melhor, com a mamãe, mas ficaram na Lívia. Eu e o Nanan viemos mais tarde, porque ele voltou hoje da Copa e eu tinha que resolver as coisas do meu apartamento... Sabe, papis, chegando aqui em Brasília, o Nanis foi ver uma coisa do carro e eu fiquei esperando as malas, eu mais uns tantos argentinos que vinham de São Paulo para cá, poucas pessoas. Terminal novo, nova forma de entrega de malas e... Nada da minha mala aparecer, nada. Nem a minha, nem a do Nanan. Aí as pessoas começaram a ir embora, a esteira foi ficando vazia, o saguão vazio e eu lá, com o carrinho vazio. Tudo o que eu pensava era: o que eu vou fazer para arranjar as roupas brancas? O que vou fazer para cumprir essa regra imposta para que eu possa te ver?

Sim, papis, mais do que a mala em si, aquele momento me encheu de um pavor tremendo porque dentro das malas estavam as nossas roupas brancas, as minhas e as do Nanan, e se elas se perdessem, meu Deus, o que seria? Que desespero! E, por fim, a mala chegou, meu coração se acalmou e tentei não pensar mais naquilo... Mas fico aqui pensando porque vejo o tanto que estamos separados por infinitos muros, muros mais concretos até que esses que cercam a Papuda.

Temos o muro da distância, eu em São Paulo, você aqui. O muro dos compromissos, eu com meu trabalho, sem poder te visitar. O muro das regras, das roupas. O muro do cadastro. Os muros, os controles, as filas. São tantas coisas até chegar em você que realmente o encontro, por si só, é uma vitória.

Estou desejando viver essa vitória, que ela chegue logo e que eu deixe para trás esses dois meses em que nossas vozes não se encontraram e que estivemos separados, apenas fisicamente, claro.

Te amo, meu papis, te amo muito...

Beijos e mais um pouco de beijos,

Saudades,

Mimi

02.julho.2014

Papai amado,

Nós nos encontramos. Por fim, nos vimos e ficamos juntos. Por fim. Nem sei dizer o que senti quando te vi, quando pude te dar um abraço, quando finalmente nos juntamos... Fui menos forte do que gostaria, chorei mais do que devia, mas o que eu coloquei para fora foi meu amor, meu amor em forma de lágrimas, amor que estava tão machucado por essa distância toda que colocaram entre nós...

Meu papai...

Só consigo pensar em uma coisa: como foi que te colocaram nesse lugar? Como foi? Que mundo é esse em que alguém tão honrado, tão honesto, tão bom, pode passar os dias em um lugar assim... Como? E, por isso, tento me apegar nas coisas bonitas que pude ver. Porque mesmo no meio de tanta sujeira, feiúra, tristeza, você conseguiu colocar sua luz e fazer brotar o amor.

Papai, você é uma pessoa boa, amorosa, que vê e concebe

o amor em todas as pessoas e na vida, e é isso que me faz ter certeza de que você tem tanta coisa boa por dentro, que precisa ir espalhando isso pelo mundo afora. Eu vi o amor presente na sua forma respeitosa de me apresentar para seus companheiros, de me mostrar o lugar, de me dar um pão de queijo, de conversar com o funcionário da cantina. Eu vi o amor nas perguntas que você fazia, no respeito que mostra com a vida, com a nossa vida, na dedicação que tem com aquilo que estamos vivendo...

Você é puro amor, papai...

Espero conseguir limpar a minha alma de toda essa fragilidade de filha que me faz sentir tão vulnerável diante dessa visão de você no meio do injusto, do sujo, do feio, e sei que tenho aqui dentro a força necessária para vencer toda e qualquer adversidade. Toda. E essa será só uma pedra no nosso caminho, porque faremos da nossa vida algo muito maior do que essa condenação injusta...

Você tem razão, papai, vamos esquecer o cara, vamos deixar ele seguir o caminho dele, vamos construir um novo caminho com as escolhas que desejamos, e com vida, vida boa, vida para ser vivida. Sei que vamos conseguir...

Te amo, meu papis, hoje certamente mais do que ontem...

Beijos e mais beijos,

Mimi

Esse texto foi escrito para o meu blog pessoal como uma forma desabafo após a primeira visita a penitenciaria da Papuda. Não tive coragem de mandar imediatamente para o meu pai por conta dos sentimentos difíceis de lidar e portanto ele só leu muito tempo depois.

03.julho.2014

"Aquele que obtém uma vitória sobre outros é forte, mas aquele que obtém uma vitória sobre si próprio é todo-poderoso."

(Lao-Tsé)

A frase anterior está estampada em um sacolinha de pano que acompanha meu pai em seus dias na Papuda. Nela, há uma foto de Gandhi, mas pelo que pude saber, foi o filósofo chinês Lao-Tsé quem a proferiu. Não importa. Ela é a frase ideal para acompanhá-lo nesses dias de tanta revolta, injustiça e indignação.

Dentro da sacola, meu pai carrega um rolo de papel higiênico, um caderno pequeno da copa do mundo, e outro maior, daqueles bem antigos, de capa mole, pautado, onde está escrevendo seus pensamentos, suas ideias, suas anotações daquilo que está fazendo – e sentindo – na Papuda. Sentado na cadeira de plástico onde nos recebeu, ficava sempre com a sacola pendurada do lado, perto, talvez como o símbolo de sua identidade naquele mundo amorfo de pessoas brancas, de almas pesadas e de tanta sujeira e tristeza.

Não vou mentir, não vou amenizar, até porque escrevo esse texto mais para mim mesma do que qualquer outra coisa, nem sei bem quem terá a disposição e o ânimo de ler o que vou registrar aqui. Eu não vou mandar agora esse texto para meu pai; ele lerá, quando quiser e puder, no dia em que estiver fora deste local que descreverei...

A minha primeira visita ao presídio da Papuda, localizado em Brasília, começou bem cedo, quando saí de São Paulo para vir para cá, e continuou ontem cedo quando nos levantamos e vestimos todos, eu, minha mãe, meu irmão e meu cunhado, roupas brancas dos pés à cabeça. Cueca branca, calcinha branca, sutiã branco, sem bojo, calça branca, camiseta branca, chinelo branco. Tudo branco. Exatamente igual à roupa que os presos precisam usar: branco. Desde que soube que isso era assim, pensei e busquei todo tipo de explicação para essa obrigatoriedade imposta aos familiares e apesar de já ter ouvido todo tipo de ideias, só penso em uma coisa: marcar as famílias. Marcar e humilhar as famílias com a mesma vestimenta que qualquer preso do CIR-Papuda precisa usar para cumprir sua pena; mostrar, a quem quer que seja e saiba, que quem veste branco tem um familiar preso, com toda a carga emocional que isso significa. Mulheres, homens, velhos, crianças, bebês, todos de branco.

Para a minha família, e acredito que para outras que estão lá também, essa roupa é a marca mais concreta possível de toda a injustiça que estamos vivendo desde 2005. De toda a humilhação, covardia, manipulação, maldade que vivemos há nove anos, quase nove anos.

Quando olhei para o presídio, a primeira coisa que pensei foi: então, tudo aquilo que meu pai fez, todos os sacrifícios, toda dedicação, todo compromisso, todo seu amor pela política, nos levaram a isso? E olhava para o lado e lá estava ela, minha mãe, minha querida e amada mãe, que também já esteve presa, que também já visitou meu pai em uma cadeia, mas quando vivíamos em uma ditadura, e não em uma democracia. Em determinado momento, olhei para o lado e perguntei a ela: "Mamãe, como você aguenta?". E ela me disse: "Ah, Mimi, eu não sei, não penso, só penso no papai". Amor, puro amor, e coragem, muita coragem.

Depois de toda as filas de carros, de pessoas, de cadastro, de documento, de revista, de verificação, conseguimos entrar. Minha mãe segurava firme na minha mão, muito firme, e me falava algo que repetiu várias vezes ao longo do dia e que me ajudou muito a não me sentir uma pateta: "Eu sei o que você está sentindo, Mimi. A primeira vez é muito ruim". Digo isso de pateta, porque era como eu me sentia, com as minhas lágrimas insuportáveis caindo, e eu no meio de um mar de gente que estava na mesma situação que eu e não soltava uma lágrima sequer. Uma. Não vi uma pessoa, mulher, velhinho, criança, chorando. Ninguém. E me sentia uma ridícula por não conseguir segurar completamente as minhas estúpidas lágrimas. Nunca tive tanta raiva da minha facilidade de chorar.

Cruzamos o portão de entrada, e de repente as grades. Grades, grades, grades, para todos os lados, uma escuridão, grades, chão sujo, grades, policiais, grades, gente no chão, grades... Aquilo foi me oprimindo, eu não sabia como aguentar, mas eu tinha a mão da minha mãe me segurando. De repente, um policial veio abrir o portão e falou: "Ué, chorando? Chorando por quê?", e aquilo acho que foi a coisa mais violenta que vivi em toda a minha visita.

Chorando por quê?

Naquela frase, o símbolo da estranheza do funcionário, por uma manifestação humana tão verdadeira e tão emotiva como a lágrima. Naquela pergunta, a cobrança por uma postura diferente para um lugar que parece ter se acostumado ao massacre do sentimento. Naquele momento, a raiva e a vontade de gritar: sim, estou chorando, porque estou vindo visitar meu pai, um homem de 68 anos, doente, com problema de saúde, honesto, bom, humilde, e que fez muito por você e pelo país e graças à nossa mídia nojenta e à covardia de pessoas com poder de decisão, terminou aqui. Nesse lugar. Sim, chorando, porque a indignação é o primeiro passo para não se resignar e eu nunca vou aceitar essa condenação que impuseram ao meu pai. Chorando porque ele é inocente!!!.

Mas óbvio, não falei nada. Só a minha mãe respondeu: "É a primeira vez dela aqui". E nesse momento, senti alguém se aproximando e vi, por entre as grades, meu pai. Não sei quanto tempo demorou para o policial terminar de destrancar a grade, mas aqueles segundos entre vê-lo e abraçá-lo foram certamente os segundos mais longos de toda a minha vida... E quando por fim nos juntamos, nem sei o que aconteceu. O mundo parou.

Eu só me afundei naquele abraço, fechei meus olhos e chorei e apertei meu pai. Apertei firme, abracei e disse muitas vezes como eu o amava. Meu pai não me soltava, apenas me abraçava e beijava a minha cabeça. Eu só me imaginava fora dali, fora, longe, em outro lugar. Todos os abraços que dei no meu pai foram de olhos fechados, para não me ver abraçando-o ali no presídio, mas fora, em casa, nas montanhas que eu tanto desejo um dia subir com ele.

Eu parei de chorar. Sim, isso é importante. Eu chorei muito, mas percebi rapidamente que precisava parar, não porque era errado chorar, mas para aproveitar o tempo, estar com meu pai, conversar, viver aquele pequeno tesouro que é estar com ele. A sua primeira providência foi me apresentar aos outros condenados que eu não conhecia... Assim, depois de dar um abraço no Delúbio e no Zé Dirceu, meu pai me apresentou ao Jacinto Lamas, ao Valdemar da Costa Neto e ao Bispo Rodrigues. Todos me receberam com um sorriso e de diferentes formas me falaram: *que bom que você veio.*

Quem está fora e sabe que a Ação Penal 470 foi uma mentira e uma das maiores aberrações jurídicas da história do nosso país deve se perguntar como foi, como é, juntar algumas dessas pessoas que foram atingidas por essa violência da injustiça, como é viver em grupo entre todos os que foram injustiçados e massacrados de tantas formas possíveis. Revolta? Sim. Indignação? Sim. Amargura? Não. Resignação? Não. Depressão? Não. Existe companheirismo, existe força, existe união, e existe resistência. Resistência para poder suportar essa situação tão difícil que caiu na vida de cada um... Percebi que a maior resistência deles é a fortaleza de espírito, a capacidade de rir, de gargalhar até, das grandes e pequenas coisas, a força do homem contra a maldade... Impressiona quando a gente vê em escala maior, porque eu só via até agora na presença do meu pai.

Meu pai fez de tudo para me colocar por dentro da sua vida. Ele me apresentou aos funcionários, me mostrou o pátio onde pode tomar sol e caminhar uma hora por dia, me mostrou sua comida.

Você que teve paciência de ler até aqui, eu digo: o meu pai está em um lugar horrível. Horrível porque é sujo, feio, tem pombos por todas as partes e vimos um rato, acho que uma ratazana enorme, circulando por lá. O banheiro é péssimo, claro, pois para quem não sabe (e que bom que nunca precisou saber disso), não tem vaso sanitário, é apenas um buraco no chão. "Já me acostumei, Mimi". Eu não pude ver a cela, pois ontem os companheiros do meu pai iam ser transferidos e estava uma grande movimentação de pessoas, então, os policiais acharam melhor eu não ir.

A partir desta semana, meu pai ficará sozinho naquele lugar. Seus companheiros foram ou serão transferidos para outro presídio, onde dormirão depois de terem saído para trabalhar durante o dia. Eu tento pensar menos do que minha mente quer, sobre o fato de que meu pai ficará lá agora sem ninguém, porque se eu pensar muito, tenho certeza de que vou perder a minha cabeça... Ele diz que está bem, que está preparado, e que "vai dar tudo certo". Mas a verdade é que estar lá já é de uma opressão e uma indignidade tão grande para um homem inocente, imaginem sem ter colegas, companheiros, parceiros para ajudar e encarar a situação. Diante disso tudo, o que mais me emocionou foi perceber a alegria que meu pai sente de que seus companheiros possam sair, possam ter seu direito de trabalhar, de vencer aqueles muros.

Bem, eu poderia escrever páginas e mais páginas de tudo que senti e vivi ontem, mas o que mais posso dizer agora, quando tento terminar meu pequeno grande relato desabafo é que algo muito difícil para mim, para além do lugar em si, foi a leitura dos sentimentos do meu pai. Eu e ele temos uma ligação muito forte, por isso, consigo saber muito rapidamente o que ele está sentindo e pensando. E aí, eu ia vendo tantos sentimentos diferentes passando e repassando por ele durante nosso tempo lá... Mas o que mais me doía era quando percebia o sentimento de uma certa angústia por ver os filhos lá. Seu olhar ansioso quando voltei do banheiro, sua forma de me mostrar sua comida, sua maneira de contar sobre sua vida lá dentro. Eu sou mãe e consigo tentar imaginar o que é para ele estar ali e ver seus filhos vendo-o naquele lugar.

O tempo de uma visita passa muito rápido. Falamos sem parar, conversamos de todos os assuntos possíveis, ele passou recados, mensagens, e até recomendações de coisas a fazer. Aju-dou-me a estabelecer a minha lista de prioridades, que foi algo que andei lhe perguntando nas minhas cartas, para saber como vencer os diferentes desafios que foram caindo na minha cabeça ultima-mente, desafios para além da sua prisão.

Para terminar, preciso dizer que só aguentei aquilo tudo por-que tive muita força, muita energia positiva, muito amor de muita gente, muito pensamento positivo. Senti a presença e a força de todas essas pessoas que, de formas tão importantes e marcantes, me ajudaram a aguentar... E quero que saibam que meu pai está bem, dentro do possível, mas está bem. Bem de cabeça, de força, de emoção. De saúde está segurando como pode com o apoio incondicional do serviço médico da Papuda, que faz o que pode, sabendo que não poderá resolver seus problemas de saúde totalmente, porque o seu índice de coagulação não vai se estabilizar naquelas condições, com aquela alimentação, aquela situação. Só podemos esperar, torcer e rezar, rezar muito para que seu corpo aguente o tempo que lhe resta sem nos dar nenhuma surpresa. Não podemos contar com a justiça, precisamos contar é com a fé.

"Aquele que obtém uma vitória sobre outros é forte, mas aquele que obtém uma vitória sobre si próprio é todo-poderoso."

De novo a frase, porque ela é perfeita para encerrar esses pensamentos. Meu pai está conseguindo vencer a si próprio, seus limites, seus sentimentos, vencer ele mesmo e a vontade de desistir. Ele está firme no propósito de resistir, de superar, aguentar, para, na sua saída, comer a comida que escolher, que desejar, que sonhar.

"Qual é a comida, papai, que você deseja comer?"

"Um arroz com feijão e um cozidão. Um cozidão de frango".

Seus olhos nesse momento sorriram.

Esse é meu pai.

Miruna

03.julho.2014

Olá, meu papis,

Hoje foi um dia difícil para mim, o dia depois, o dia em que senti forte a realidade de onde você está enquanto estamos aqui, tão pertinho de você. O céu de Brasília nos une, eu olho para ele e sei que você o vê também e isso me conforta... lá na visita, olhei para o céu em determinado momento e me deu um alívio enorme de ver que dentro daquela feiúra, daquela imundície, você tem a beleza do céu para trazer o acalanto de algo que é belo. E nessa época do ano o céu brasiliense está muito bonito, não é?

Escrevi um texto, um relato sobre como foi a visita. Mas prefiro que você leia quando estiver fora, quando estiver no carinho do nosso aconchego, livre. Foi um relato de desabafo e realmente melhorei muito depois que eu escrevi, muito mesmo, você sabe, você me entende.

A mídia hoje fez a festa com a ida do Zé Dirceu para o trabalho, mas ele foi altivo, papai, foi mesmo. Conseguiu, como você também conseguiu muitas vezes transmitir com o olhar, com sua forma de encarar aquela perseguição... Para mim, que tinha visto ele um dia antes, foi um alívio vê-lo com roupas normais.

Outra coisa, a Daniela de Amorim leu o que escrevi sobre a visita e, em especial, sobre as nossas roupas brancas, o absurdo que eu vejo nisso... E aí ela escreveu esse pequeno texto, que acho que vai te fazer bem também:

"Uma nova imagem especialmente para você, Miruna, menina de muitas cores.

No Terreiro, todos usamos branco. Todos ficamos descalços, lado a lado, de mãos dadas. De branco.

Nesse meu Terreiro, de branco, não nos importamos em saber quem é o quê. Não sabemos quem é médico, quem é professor, quem é cantor, quem é faxineiro, quem está desempregado. Não sabemos quem é rico ou quem é pobre, quem é doutor ou quem nem sabe ler, quem é Pai grande, Pai pequeno, Medium novo, Medium velho...

No meu Terreiro, de branco, nos igualamos todos. Não da igualdade burra do querer ser igual, colocado na mesma forma. Nos igualamos uns aos outros na nossa humanidade. Na nossa beleza. Na nossa bondade. Na nossa possibilidade de perdoar, de crescer, de aprender, de oferecer ao próximo e a nós mesmos a nossa melhor faceta. O nosso mais sincero amor.

É o branco de Oxalá, é o branco da paz, é o branco da união. É o branco que reúne em si todas as cores em movimento.

De branco, naquele momento todos iguais, nos fazemos únicos e emitimos, cada um de nós, a cor que nosso coração exala. De branco, juntos, somos por fim, um imenso arco-íris."

Eu te amo, papai, e não se esqueça, tenho orgulho de poder estar com você nesse momento, porque poucos podem ter na vida um amor como esse que sinto por você.

Muitos beijos,

Mimi

07.julho.2014

Olá, meu papai amado,

Hoje foi um dia difícil e intenso para mim e acho que preciso usar meu lugar de filha para escrever ao meu pai. Não ao pai que está preso, um político honrado e injustiçado, aquele que dedicou sua vida a causas tão enormes e importantes, mas ao meu papai, ao papai que sempre soube a hora de deixar o deputado de lado para ser só e tudo isso, meu pai.

Eu quero que você saiba, papis, que se tem algo que sempre admirei em você, e que sempre contei com orgulho a todo mundo quando me perguntavam "como é ser filha do Genoino", é essa sua capacidade de nunca se desligar do "mundano", do pequeno (se comparado às suas grandes causas), ao terrenal, ao concreto. Você chegava de grandes comícios, enormes reuniões, caminhadas, campanhas, e mostrava a mesma empolgação com essa vida política ao saber como tinha sido meu dia na escola, o que meus amigos andavam fazendo e como o Nanan estava vendo o campeonato brasileiro. Para poucos...

E sabe, papai, algo que me deixou muito feliz na minha primeira visita? Foi ver que você continua assim, conectado ao real, ao pequeno, ao concreto, ao simples. Você está aí nesse lugar tão injusto, tão horrível, e consegue sorrir e me perguntar do apartamento, das crianças, de como tenho encontrado as minhas amigas. Só você, papai, para não perder a dimensão de todas as coisas que realmente importam, as grandes, as suas causas e, projetos, e essas nossas, da nossa vida, meu carro, o trabalho, os netos.

Por isso sinto-me bem para desabafar um pouquinho com você hoje... Cheguei em São Paulo na hora do almoço e sinto que não fiz nada a não ser resolver coisas. Ir de um lado para o outro, pensar, planejar, ter de comprar as minhas coisinhas para meu apartamento. E lá estive eu, em cada loja, abrindo minha conta, fazendo meus cálculos, vendo como pagar cada pequena coisa que quero colocar nesse meu pedacinho de sonho. E fui sentindo um cansaço, uma vontade de largar tudo, uma necessidade de sair daquilo... E quando fui ver, eu estava sentindo o peso de não ter o seu apoio certeiro nesses momentos de muitas coisas a fazer.

Se você estivesse fora daí, se estivesse livre como deveria estar, iria comigo nas compras me ajudaria a escolher logo, "leva esse, Mimi, vai ser bom para sua casa", e me levaria para comer uma coisa gostosa. Depois, estaria comigo, me diria que depois veríamos o resto, compraria uma coisa legal para as crianças e nos levaria para jantar. E nessa mesma hora, 22h46, em que escrevo agora, eu não estaria cansada, mas realizada com tudo o que teria feito com a sua ajuda. Mas hoje não foi assim...

Enfim, mesmo assim eu fiz e resolvi tudo. Não comi nada muito gostoso, nem vi as crianças, nem tive alguém que me ajudasse a escolher, mas fiz, e agora posso dormir mais sossegada... Sinto esse cansaço da alma, e também físico, essa coisa de ter de levar um mundo de coisas aqui no ombro e ter inveja de quem tem tempo para ver a vida passar no descanso das suas férias... E, por isso, precisei hoje escrever uma carta mais de filha que precisa do pai, do que de filha que quer ajudar o pai. Sei que você me entende, sei que você gosta que eu abra meu coração e sei que você vai me ajudar a sair dessa.

Bem, a visita está cada vez mais próxima! Amanhã volto para Brasília, e quarta estaremos juntos de novo naquele abraço que tentarei que seja menos molhado.

Um beijo no seu coração,
Mimi

09.julho.2014

Olá, meu papai querido,

Hoje, entendo cada vez melhor a mamãe e os sentimentos dela com relação às visitas a você... Claro, eu fiquei um mês apenas de espectadora, apenas observando como era esse ir e vir, apenas ouvindo as notícias e apenas imaginando como seria te visitar aí na

Papuda. Mas, desde a semana passada, tudo mudou, eu te visitei, me deparei com a realidade, e agora quando vivi hoje a segunda visita, vou entendendo os sentimentos da mamãe...

Porque eu via que ela já ia pegando o manejo do que levar, de como ir, do que imprimir, mas existia sempre algo por trás, uma ansiedade, uma aflição, um algo, e agora sei o que era isso, o saber e o esperar. Sabemos já como é angustiante a ida para a Papuda, a espera, a entrada, as grades, entrar lá e te ver; estamos sempre nessa questão do encontrar e do desafio que é te ver lá, naquele lugar. E da vontade de nos vermos logo, o quanto antes. E quando saímos de lá vem aquela coisa que toma conta da gente, o vazio da sua ausência, a vontade de ter falado mais coisas, a tristeza de ter de esperar mais uma semana para te vermos de novo...

Mas sabe, papis, você nos ajuda muito com esse seu jeito de ser, esse seu jeito poderosamente otimista de ver a vida, de encarar o futuro, de pensar no que virá. Hoje, o que mais gostei de ouvir de você foi que o corpo fica preso, mas sua alma jamais. Que a mente nunca pode ficar presa. Foi lindo isso, papai, lindo, e acho que me aliviou demais ver tal clareza, tal consciência da necessidade da sua força dentro desse lugar.

Estou aqui lembrando do seu pedido para eu cuidar mais, e melhor, de mim mesma. Não sei se vou conseguir isso totalmente, não sei, mas o que sei é que vou tentar, da melhor forma que eu puder, mas é que realmente essa não é a minha prioridade nesse momento. Eu, conseguindo ter você assim, uma vez na semana, e cuidando dos meus filhos, já me dou por satisfeita, sinceramente... Mas também sei que está ruim assim e que preciso de um estímulo, por isso, vou tentar.

Bom, o que você queria aconteceu e a Argentina está na final, que legal, o Nanan ficou bem feliz também!

Muitos beijos, papis!

Mimi

15.julho.2014

Olá, meu papai lindo,

Hoje, como toda terça à noite, sou pura expectativa para a visita a você amanhã... Fico com esse sentimento de que toda a minha semana, nesse meu mês de férias, ganha sentido quando se aproxima o dia do nosso encontro, o dia em que estaremos juntos. Dá aquele frio na barriga sabendo de todo o desafio que é chegar até você, a roupa, a fila, as pessoas, os números, a espera, mas tudo vale a pena quando estou do seu lado e vejo o seu sorriso.

Eu fico aqui, papai, pensando muito em como a minha vida tem um sentido único e especial a partir de ser sua filha... Em como ser sua filha foi me trazendo um mundo de desafios, mas um mundo de estabilidade, de certezas, de força e de valores. Eu sei que, em muitos momentos, errei, e que voltarei a errar, mas sinto, olhando para você, que quando temos clareza dos nossos princípios e das nossas escolhas, conseguimos resolver nossos erros e problemas.

Sabe do que eu lembrei agora? Não sei se você lembra, mas eu acho que era criança quando fui com você a alguma das suas reuniões políticas e fiquei sabendo que você formava parte de um grupo dentro do PT chamado "Democracia radical". E eu falei para você: "Mas radical, papai? Não gostei dessa radical...", e você me disse naquele momento: "Sabe que você tem razão, Mimi? O radical parece meio forte, mas foi o jeito que a gente encontrou de mostrar que não negociamos com a democracia...". Não sei quantos anos eu tinha, mas sei que tinha menos de 15. E mais de sete. Enfim, só sei que aquilo me marcou muito, primeiro, porque você aceitou a opinião de uma fedelhinha na época, que ainda estava tentando entender a própria constituição criança-pré-adolescente, e segundo, porque você me indicou que a democracia para você era um dos valores que não negociaria nunca, de jeito nenhum.

Depois disso fui revendo esse seu respeito com a democracia em muitos momentos. Até mesmo nesse julgamento. Lembra quando o Luismi te perguntou por que você não matava as pessoas que estavam querendo acabar com você? *E você disse que não, que ia conversar com elas, explicar, mas que cada um tem o direito de escolher o caminho e as opiniões que quer ter. Acima de tudo a democracia, não é mesmo, papis?*

E me pego pensando como esse valor democrático entrou em você no seu percurso, de que forma ele foi sendo colocado para dentro do seu ser como um valor a ser alcançado, conquistado, defendido e valorizado, sempre e eternamente.

Não sei se eu daria tudo o que você deu pela democracia, mas sinto que esse meu percurso de ver o que você foi trilhando para defender radicalmente a democracia, me ajudou a constituir o que sou hoje, aquilo que penso, e em como preciso enxergar os caminhos que cada um, democraticamente, vai traçando...

Enfim, coisas que vou pensando nesse momento de tentar entender a nossa história, que agora é uma história de separação e encontros...

Amanhã estaremos juntos, meu papis...

Beijos, te amo!!!

Mimi

16.julho.2014

Olá, meu papai,

Tudo bem com você? Hoje, nós estivemos juntos, pudemos nos abraçar, nos beijar, conversar, comer uma maçã juntos, ser pai e filha de novo. E depois nos separamos, dissemos tchau. E aí o mundo caiu em cima de mim. Desde que estamos vivendo esse processo, quando fico mal me vem um sonho do tamanho do mundo, parece que quero fugir daquela realidade em que nós saímos e você fica, sozinho, no meio das cinzas. A mamãe disse que fiquei assim porque olhei para trás e que ela nunca olha para trás. Pode ser isso, mas olhei e olharia de novo porque cada segundo a mais que posso te ver, eu tento usar para reter todas as pequenas e grandes imagens do meu papai amado pertinho de mim.

Depois, fiquei em um estado de fraqueza, de incertezas, de dor, muita dor. E li sua carta. Mandei por imagem no celular a carta do Nanan, ele adorou. Papi, na sua carta sinto mais melancolia, uma certa dor por não estar perto de mim, da gente, e por viver agora no meio do cinza. E existe a saudade, saudade de ser pai, parceiro, saudade dos seus companheiros, saudade da vida fora do cinza, saudade das cores. Por isso, como senti o cinza muito forte na sua carta, que junto com o massacrante branco já aniquila a força das cores, resolvi escrever para você lembrar que é um homem cheio, cheio de cores, meu papis.

Sabe, você é um homem vermelho, claro. Vermelho não só pelo partido que escolheu apoiar, mas vermelho sangue, sangue da sua entrega e da sua dedicação a tudo aquilo que acredita. Seu sangue forte, certeiro, que nunca duvida por onde passar. Até quando encontrava caminhos confusos dentro da sua aorta, seu sangue foi aguentando passar por desvios até voltar a encontrar o caminho. Você e nós voltaremos a encontrar nosso caminho.

Papai, você é um papai azul. Azul pelo tamanho dos céus que já viu e viveu, pela imensidão que cria com suas asas invisíveis, que levam as pessoas que estão contigo a caminhos infinitos, não só caminhos reais, mas caminhos de possibilidades, de desejos, de sonhos. Você nunca deixou que eu, o Nanan, a Mari, acreditássemos que não podíamos ir além, o céu nunca foi o limite e você foi sempre nos fazendo ver isso. O céu de Brasília é lindo, não deixe de olhar para ele.

Você, papai, é rosa, rosa mesmo, rosa seguro de ser rosa, rosa que não tem medo de estereótipos, de dúvidas, de preconceitos. O mesmo rosa que você usava seguro de si ao ir na parada gay é o rosa que você emana quando enche de tanto carinho as pessoas queridas que estão com você. Quando te vejo abraçando a Paulinha e o Luismi, você todo vira um mar de rosa, de acolhimento, de carinho, de sentimentos bons e verdadeiros. Até seu olho fica rosa de tanto amor... Ontem, quando você falava sobre ter visto o Luismi na TV, você ficou todo rosa, mesmo estando no meio do cinza.

Papai amado, as suas cores são infinitas! Você é verde como

a natureza, pela fortaleza de suas raízes, e a garra para sobreviver às adversidades. Você é amarelo puro, amarelo ouro, amarelo sol, do brilho que irradia para nós, de como consegue, por exemplo, no meio do seu cinza, me fazer lembrar que preciso de uma cor nas unhas, de um carinho nos pés, de um acolhimento no corpo. Você, meu papai, é um mundo de cores, um mundo de estímulos e sensações, não esqueça disso.

Olhe para as pequenas coisas onde aí na Papuda existam cores, e lembre dessa força e dessas cores dentro de você. E para fora de você, para além dos muros, para além dessa prisão.

Força, meu papis, eu te amo com a força de todas as cores do mundo.

Beijos,
Mimi

18.julho.2014

Olá, papai,

Tudo bem? Como estão as coisas por aí? E a prova de ontem? Espero que tenha dado tudo certo, como você bem merece. Eu continuo aqui em férias com o Miguel e as crianças; está sendo muito bom estar com eles, aproveitar esses dias de descanso, dedicar-me a estar com essas pessoas que amo tão profundamente... Eu olho para a Paulinha e o Luismi e vejo a luta interna deles para segurar a situação, para serem fortes, para que consigam aguentar a incerteza do que vem pela frente... Sabe, nem te contei, mas ontem, em Pirenópolis, o Luismi quis comprar um chaveiro do Corinthians para você, mas disse que vai entregar quando você sair daí. Senti que aquele chaveiro era como uma prova de que um dia você vai sair, a certeza de que um dia as coisas vão melhorar.

Eu me sinto mais refeita depois da visita de quarta. Acho mesmo que foi bom vir para cá... Fico pensando bastante na mamãe lá em Brasília, mas pelo menos o Nanan chegou e vai ficar com ela, o que me deixa bem tranquila. A mamãe, papis, é um mundo de fortaleza e de perseverança nessa espera por você. É como se eu pudesse ver transbordar nela esse amor por você, que é o que a segura, o que a faz ter certeza dos caminhos a seguir, de como segurar o que é preciso...

Eu sinto e vivo essa fortaleza também, especialmente no amor que sinto pela Paulinha e pelo Luismi. Claro, sinto também o amor forte por você - é o que me guia e acompanha -, o amor pelo Miguel, o amor pelas crianças e tudo me sustenta para seguir em frente, sorrir, não deixar a peteca cair. Quantas vezes, nesse processo, não senti vontade de largar tudo, largar a mim mesma e não pensar em mais nada, só dormir? E de repente, eu tinha aquelas duas pessoinhas ali, por perto, esperando pelo meu sorriso, dando força, luz e calor. Ter filhos para mim, nesse momento, é o que de essencial existe para que eu não deixe a peteca cair. Acho que eles darão a força necessária para você também se recuperar do que passou, meu papis.

Queria ser capaz de ter uma máquina do tempo, algo que fizesse as horas passarem mais rápido, algo que permitisse que você pudesse entrar logo com o pedido de progressão e que pudesse, de uma vez por todas, sair desse lugar onde está. Mas não tenho essa máquina, por isso, o que posso fazer daqui de fora são coisas que te alimentam, que te levam boas energias, como essa viagem, ajudar na exposição da mamãe, essas coisas da nossa vida.

É isso por hoje, meu papis.

Te amo...

Beijos,

Mimi

21.julho.2014

Olá, meu papai tão amado,

Escrevo em um dia em que todos nós sentimos orgulho do nosso querido Genuba; foi aprovado no curso de informática com um 8,5! Foi uma alegria imensa entre todos nós! Agora que você está entendido do assunto posso ir te falando melhor das coisas que usamos, temos um grupo chamado "Família Genoino" (eu, Nanan, Mari, Pedro e Miguel), pelo celular, em um aplicativo que se chama "WhatsApp" que é como se fossem aquelas mensagens de texto, só que mais rápido e gratuito porque se usa com a conexão da internet. Esse grupo é muito forte, são raros os dias em que ficamos sem nos falar, e lá trocamos de tudo: fotos, assuntos, opiniões e, claro, o assunto principal, tudo o que tem a ver com você. Bem, hoje no grupo contei da sua nota e o pessoal ficou muito feliz, muito mesmo, você nem imagina! Foi uma pequena vitória, ver seu empenho, sua dedicação, ficamos mesmo muito contentes e nem pensamos naquela hora nos dias que você está ganhando, mas sim em ter superado suas dificuldades e ter encarado o mundo da tecnologia! Parabéns, meu papis!

Hoje, aqui em São Paulo, estive às voltas novamente com as questões do meu apartamento. Tenho ficado estressada às vezes com tudo o que tenho de resolver, mas, em geral, fico feliz quando termino de fechar algo, quando imagino como ficará tudo, a alegria de ver meu sonho sendo realizado, a construção mesmo desse sonho. E sabe, papis, nem pense por um minuto que você está deixando de me ajudar com as coisas que tenho a fazer, como você comentou na sua última carta, porque de verdade sinto que só resisti a esse mês de julho tão cheio de afazeres e sensações, graças a você, sua presença nas quartas-feiras cuidando de mim.

Papis, nunca vou esquecer aquela segunda visita em que você ficou me falando tanto para eu me cuidar, para estar bem, para não esquecer de mim. Foi muito importante para meu processo todo, de verdade! Sabia que depois daquele dia, no meio de um desses rolos do meu apê, estava passando em uma loja e vi um pijama todo felpudinho, fofinho, e pensei: puxa, sou tão friorenta, quero me esquentar. E comprei o pijama. Ele está me aconchegando! E só consegui fazer isso por mim porque você me empurrou a isso, me mostrou que quer me ver bem, cuidando de mim, eu, Mimi, e não eu Mimi-frangalhos, que é como eu estava ou como me sinto muitas vezes...

Outra coisa bem singela, mas que acho que você vai gostar de saber, é que hoje voltei para casa com as crianças e eu precisava trabalhar, dou curso na quinta, sexta e sábado que vem, aí avisei para a Paulinha e o Luismi para eles brincarem enquanto eu cuidava da minha vida. E sabe do que eles brincaram? De escritório! A coisa mais fofa! Quase chorei de emoção e fui correndo no WhatsApp contar ao Nanan que eles dois estavam fazendo a mesma brincadeirinha que eu e o Nanis fizemos tanto na nossa vida de criança... Foi lindo!

A Paulinha e o Luismi realmente foram e têm sido a chave deste processo com você, nossa separação, as dificuldades... Vejo o quanto dão força para mim especialmente, mas também para o restante de nossa família. Uma força de vida! Essas duas vidinhas esperam ansiosamente por você, papai!

Muitos beijos, te amo!
Mimi

22.julho.2014

Olá, meu papai amado,

Escrevo a carta número 80. Oitenta. Oitenta cartas, 80 dias escrevendo a você, 80 dias aguentando da forma que pude essa ausência injusta, a saudade, a falta que sinto de sua livre presença entre nós. Fico aqui pensando no que posso dizer nesse dia em que escrevo esta carta, algo que eu ainda não tenha dito a você, mas é difícil, foram muitas as palavras, foram muitos os momentos vividos.

Lembro bem quando escrevi a carta 52 esperando que fosse

a última. *Foi na véspera do julgamento dos agravos... E, infelizmente, veio a carta 53 e muitas mais. Lembro de quando escrevi a carta 1, que nem entrou nessa contagem, que foi aquela carta pelo seu aniversário... Tanta saudade, tanta revolta, tanta dor! E agora chegamos na carta 80. Não sei ao certo quantas cartas mais escreverei, talvez chegue na carta 100, talvez não, mas hoje meu coração não fica mais agoniado procurando essa resposta de quando vou parar de escrever, porque encontrei em mim e em você a força para resistir ao que for preciso para que possamos vencer tudo isso.*

Papai, amanhã será minha última visita à Papuda. Depois de amanhã terminam as minhas férias e não poderei mais estar contigo nas quartas feiras... Sinto muitas coisas misturadas, mas apesar de toda dor ainda tão latente de ter visto onde você está, aquela dor tão forte na primeira visita, o que sinto é que depois deste mês de julho estou mais fortalecida, mais humana, mais preparada para o que a vida me reservar. Estou. Não acho que foi bom você ter ido para a Papuda, de jeito nenhum, preferia não ter aprendido nada disso, mas uma vez que isso nos aconteceu, consigo perceber que de alguma forma vou sair, vamos sair, mais fortes, resistentes, batalhadores.

Nesse mês de visitas, você me mostrou que é possível resistir à violência do cárcere, fazendo voar as palavras, deixando os pensamentos irem embora, tomando resoluções, não perdendo nunca de vista o horizonte da liberdade. Nestes nossos encontros, você deu outro sentido para a palavra comer, dormir, vestir, acordar, viver. Fez mostrar que cada momento nosso de aconchego aqui fora deve ser valorizado, porque vale muito, muito e muito. Depois destas visitas, percebi o quanto precisamos dar valor a certas coisas que vemos passar e nem percebemos, especialmente às relações... Somos o que somos pelas relações que construímos em nossas vidas, e fui vendo em você, na sua forma de falar com os funcionários, na saudade que sente de seus companheiros, uma pessoa que valoriza, ainda mais, as relações, o estar junto, perto das pessoas.

Um dos momentos mais fortes da visita, papai, foi quando você me explicou a forma de aguentar as privações. Você estava lá comendo sua xepa (é assim que se escreve?) e contando que não bebia mais coca-cola, e diante da minha cara de espanto você me falou: depois da privação da liberdade, qualquer outra privação não é nada. Ali você me mostrou seu espírito livre, sua permanente disposição a buscar o seu voo, sua força de lutar e não deixar de erguer o punho, nunca.

Depois deste mês de visita, estou ainda mais orgulhosa de ser sua filha.

Vou amanhã com o coração transbordando de amor, como sempre, e com essa pequena angústia da última visita. Mas estou preparada e vamos juntos. Vou continuar me cuidando, e escrevendo a carta 90, 100 ou 150, estarei pronta para te acompanhar, para onde você quiser voar. Sempre.

Te amo, meu papis.

Beijos,

Mimi

23.julho.2014

Olá, meu papai amado,

E foi assim, demorou tanto para chegar o momento do nosso reencontro, da visita, fiquei agoniada dois meses de saudade, e tanto demorou a chegar e tão rápido passou... Foram quatro visitas, todas elas carregadas de um sentimento e um sentido todo especial. A primeira visita foi a expectativa, a ansiedade, a vontade de te ver logo, a curiosidade, o medo e depois o alívio. A segunda visita foi a primeira ida do Miguel, com meus medos por ele, minhas expectativas, mas meu alívio de que ele saberia o que eu estava sentindo. A terceira foi carregada de dúvidas e conversas sobre a progressão, quando, como, datas, perspectivas, futuro. E a quarta visita, hoje, foi uma mistura de tudo, mas rondava entre nós o fato de ser minha última ida.

Papai, sinto que nestas minhas idas, mais recebi do que doei... Sinto, de verdade, que não fui aí para te ajudar, tentei, mas quem mais ajudou alguém foi você, ajudando a mim e a todos nós... Nestes quatro encontros você conseguiu ser meu paizão de novo, que há tanto tempo não era. Acredito que desde novembro, desde sua injusta prisão, fazia muito tempo que não via você me dando conselhos, me orientando, me mimando, cuidando de mim... Ver e sentir sua preocupação comigo.

Gostaria de ter dito mais coisas, de ter sido mais forte no nosso primeiro encontro, mas, sei do espaço de liberdade que tenho com você para ser do jeito que eu sou, com todos os meus excessos e todo esse meu jeito explosivo e espontâneo de ser. Muita gente não me entende, ou se assusta, algumas poucas pessoas aprenderam a lidar comigo, mas você, papis, é o único que sabe exatamente o que sinto e sabe antecipar o que fazer para que eu não entre naquele buraco de não sair nunca mais.

Bom, na nossa despedida você me pediu para que ficasse firme. Disse que se eu não estiver firme, você vai sentir aí dentro e eu sei disso, por isso vou me manter mesmo forte e confiante, sonhando com nosso breve reencontro, em ambientes menos cinzas e brancos e mais cheios de cores. E de sabores. E de amores. Até lá vou manter minhas unhas pintadas, que hoje representam essa sua presença paterna, de cuidado, de luta, de não deixar a peteca e a unha cair... Os símbolos fazem parte de nossa história e, por isso, eles precisam seguir aqui, presentes entre nós.

Já mandei as cartas para as pessoas que você escreveu, li sua carta para mim e agora estamos aqui os três, eu, mamãe e Nanan, na sua casinha, nos recolocando e buscando nosso jeito de aguentar esse buraco que fica sem você, até que possamos estar de novo juntos, os quatro, e mais a Mari, Pedro, Miguel e as crianças. Esse vai ser um dia lindo.

Beijos e beijos... te amo...
Mimi

27.julho.2014

Olá, papai lindo e amado,

Hoje o dia aqui em São Paulo ficou bem cinza, frio e chuvoso. Para completar, era domingo, então o ambiente estava encolhido e mais silencioso do que o normal... Fiquei pensando se você sente falta do silêncio e quando consegue ter mais paz aí. Não sei se te contei, mas no dia daquele jogo do terceiro lugar fiquei sozinha na casa pela primeira vez. Algo que me impressionou foi a quantidade de barulhos que ouvi... Sei lá, sempre achei aquela casa tão tranquila e silenciosa e quando fiquei lá sozinha, ela me pareceu barulhenta demais! E me faltavam pessoas para ajudar a diminuir o impacto daqueles barulhos estranhos...

Fico pensando que você deve sentir algo semelhante porque está no meio de um barulhão, mas sozinho. Assim deve faltar gente e vozes, para completar os buracos que vão ficando no caminho. Chamou-me a atenção quando você nos contou, na última visita, que agora que os companheiros não estavam mais aí contigo, você acabava tendo muito tempo para pensar na vida. No entanto, fiquei muito feliz porque você falou que, em primeiro lugar, fica pensando na gente, na sua família; achei muito bom a gente estar na frente de todo o resto, da política principalmente, nesse momento de pensar em seu recanto solitário.

Sabe, papis, nunca te disse antes, mas senti algo muito estranho quando começou a nos contar sobre como foi a sua cirurgia do coração, porque você disse várias vezes que passou um filme na sua cabeça e você falava: "Eu vi um filme, fiquei pensando no PT, no Lula, no governo, na minha vida...", e não falava da gente. Uma vez a mamãe percebeu e falou: "Pô, Gê, e não pensou em nós?", e você disse que sim, claro, mas eu sabia que não tinha sido o principal. Aquilo mexeu comigo... A força da sua relação com o partido, com a política, com sua vida profissional.

Agora, um ano depois, quando sua mente não pode escapar e os sentimentos surgem, o que vem somos nós, sua família, a saudade, nosso estar junto e isso mostra como aconteceram mu-

danças internas em você, como algo sacudiu aí dentro para que esse mundo do PT e da política ganhasse outro espaço... Não que eu ache grave você ter pensado neles quando foi operado, e nem que fico comemorando que não pense agora, apenas celebro que dentro de você o terreno do pessoal, da família, do nosso, vá ganhando esse espaço maior e um contorno mais definido.

Entendo que nestes momentos de encruzilhada e de tantas dificuldades, o que nos segura e nos sustenta é o apego ao que é nosso, só nosso, aquilo que nos constitui e que não nos abandona nunca. Vejo a fortaleza que foi ter meus filhos comigo, para me obrigar a não afundar, para me fazer enxergar a necessidade de a vida caminhar.

Estou aqui, já com o coração apertado com a próxima visita e com o fato de que não estarei lá, mas ando às voltas com meus muitos trabalhos do mestrado, e com isso retomo a força da vida que segue, inexoravelmente.

Te amo, meu papis...
Beijos!
Mimi

30.julho.2014

Olá, meu papai lindo e amado,

Hoje, uma quarta-feira, é um dia especial, pois você recebeu o mundo exterior aí dentro, recebeu nossa linda, querida, amada, guerreira e especial mamãe. Como te disse, fiquei passando e repassando mil vezes essa imagem da entrada dela, quase que visualizando cheia de dor a minha ausência... Sinto a saudade de chegar aí, de ver seu sorriso ao nos ver, da sua mão apertando a minha antes de abrir a porta, da força do seu abraço, do seu cheirinho gostoso e da sua forma de mostrar alegria com a nossa presença.

Ainda fico muito mexida, percebendo o quanto ter estado essas quatro vezes com você foi algo que me fez bem! Percebo o quanto consegui mudar, o quanto aprendi, o quanto estou mais forte, tudo pelo nosso encontro.

A carta que você escreveu hoje, ou melhor, que entregou hoje à mamãe, foi muito especial. Muito. Porque reafirma esse movimento de estar perto de nós, de sermos sua família, de mudar seu foco, de nos dar esse espaço, essa prioridade, isso é uma luta de nossa vida. Sempre via a importância que você dava a todos nós, mas talvez não existia essa forma de explicitar, não existia essa clareza de hoje.

E, com isso, fiquei pensando na Mari...

Não sei bem porque, mas acho que você precisa saber sobre o quanto o meu amor pela minha irmã cresceu nos últimos meses. Explodiu, agora quando penso em tudo isso, não consigo imaginar a minha vida sem ela. Sabe, nossos caminhos demoraram a se encontrar, todos sofreram para compreender o lugar de cada um, mas agora ela é uma das chaves essenciais da minha vida. Não sei, mas hoje quando penso no que tenho vontade, penso muito em estar com ela, viajar com ela, em aproveitar os momentos com ela e com o Pedro. E isso é muito bom. Vejo o quanto a gente, às vezes, demora para entender o que sente, mas quando percebe é muito autêntico e revelador.

Tenho pensado muito na Mari, muito mesmo! E na alegria que você ia sentir de saber que me sinto assim ao pensar nela! Sabe, agora em julho era assim, quando eu sabia que a gente faria algo com ela, ou que iríamos na casa dela, sei lá, o estar junto, eu me sentia feliz. E pensei muito no quanto a vida de alguma forma me aproximou de Brasília, cidade que faz parte da minha vida toda, e no quanto essa proximidade com Brasília me deu a alegria de conviver intensamente com a Mari.

Vivendo e aprendendo!

Beijos, meu papai, te amo...

Mimi

31.julho.2014

Olá, meu papai amado,

Hoje foi um dia cheio de pessoas vindo falar comigo sobre você. E o mais engraçado é que eu, às vezes, demorava para entender porque estavam comentando comigo que você ia sair da prisão, que as coisas iam melhorar e tudo mais, qual a razão de tanta euforia... Aí lembrei da decisão da juíza de execução, dizendo que autorizava a redução da pena pelo seu trabalho e estudo, entendia um pouco os outros, mas não conseguia me sentir assim... Porque a coisa mais forte para mim é: "ele não está em casa". Não está fora. E as pessoas ficavam sem entender nada.

Fico assim pensando em como existem tantas coisas na vida que a gente entende pela metade, ou que ouve pela metade, ou que pensa pela metade, ou que interpreta pela metade. E fico lembrando de como você nunca fez nada pela metade, como sempre vivia tudo por inteiro, sem meios, sem talvez. Hoje, com as notícias, acontece isso, tudo vem picado, partido ao meio, sem chance de compreensão e cheio de entrelinhas. Cheio. Mas a verdade é distante e bem diferente.

Chama minha atenção como comentam de que você teve os seus dias descontados. Parece algo simples e burocrático, só nós sabemos o esforço para que isso pudesse se tornar realidade... Os dias de trabalho, os cursos, especialmente o último de informática, foram enormes conquistas de um processo muito duro, sofrido, cheio de expectativas e medos, vontades e garra, especialmente sua garra.

Bom, mas é como você disse, a sua parte você fez, agora não temos muito mais o que fazer, não é mesmo? Não penso muito no Dia dos Pais, não fico tentando elaborar o que não sei quando virá, como nosso próximo encontro, mas vou buscando minhas formas de me manter forte, ainda que nem sempre seja fácil.

Te amo, meu papis... Saudade!

Beijos,

Mimi

02.agosto.2014

Olá, meu papai mais que amado,

Hoje é um sábado, e como todo sábado dos últimos tempos, fico sentindo mil coisas e pensando mil vezes em como você está e o que faz para que o dia de hoje passe, lembrando de como você nos contou que sábado e domingo eram dias em que a solidão pesava bastante. Hoje trabalhei, de novo, dando curso, mas agradeço cada momento de trabalho extra porque eu e o Migui precisamos disso para dar conta do nosso apartamento.

Enfim, como ia te dizendo, hoje meu sábado parecia dia de semana, trabalhando, mas depois acabei saindo com o Miguel porque o Nanan levou as crianças no jogo do São Paulo. Eu estava descendo a Francisco Morato, ali em direção à ponte Eusébio Matoso e vi o dia terminando, um céu rosa, carros indo e vindo, sua São Paulo... E meu coração apertou...

Não sei se, nesse momento, você estava pensando em mim, se você sentia saudade de nós... Só sei que senti fortemente a sua distância e me bateu profundo uma necessidade louca de te resgatar daí. De tudo o que senti, o que mais me mobilizou foi pensar que desde maio sua visão das coisas é totalmente a partir de onde você está.

No entanto, me veio à mente essa sua forma de resistir, de pensar e sentir a vida, essa sua necessidade de ir para além de qualquer muro, "não deixar a mente presa jamais, Mimi". Entendi que você encontra formas aí de olhar outras coisas, de ver algo além do cinza, do branco, do sujo.

Eu sonho com o dia em que subiremos a montanha, sonho mesmo. Sonho com esse dia livre, nosso, só nós, no meio de tudo aquilo que é verdadeiro porque é natural, justo porque é verdadeiro e enorme porque é aquilo que marca o que vivemos. E sonho com esse dia em que subiremos a montanha porque, nesse dia, os seus olhos não terão limite para ver o belo, traçarão os caminhos mais profundos e imensos vendo coisas lindas uma atrás da outra... Nesse dia, corpo e alma serão os dois livres, ao mesmo tempo.

Papai, sinto muito que você esteja vivendo esse momento

injusto. Quero que você saiba que estou aqui pronta para te dar todo o amor do mundo que ajude a curar cada ferida de dentro e de fora, de ontem, de hoje, de tudo.

Te amo, papai.

Beijos!

Mimi

07.agosto.2014

Olá, meu papai lindo, amado, maravilhoso, especial, iluminado! Você está livre! Vai sair da Papuda!!! Nem acredito que estou escrevendo isso nessa carta, nessa carta de número 96! Hoje foi um dia muito tenso, consegui trabalhar, mas ainda meio instável, sem saber por onde ir, o que sentir, como reagir... As horas iam passando e tínhamos na nossa cabeça a ideia de que era preciso que algo acontecesse até às 15h. Conforme essas horas passavam, mais nervosos eu e o Nanan íamos ficando! Mas ainda bem que eu já estava fortalecida, me fortaleci desde que estivemos juntos, e por isso não deixei de fazer nada e segui em frente com as coisas que precisava fazer... Miguel foi jogar bola com o Nanan e de repente me liga, e me conta, achando que eu já sabia!

Ele assinou!

Finalmente!

Você está fora!!!

E o que aconteceu foi que, ao saber disso, eu não tinha ninguém com quem celebrar e comemorar! O Miguel e o Nanan fora, mamãe aí em Brasília e as crianças dormindo... Até tentei acordar os dois, mas o Luismi nem se mexeu, a Paulinha só me olhou, disse que me amava e voltou a dormir! Lindinhos!!! Amanhã vou contar e eles vão pular de alegria!!!!!! Que grande momento viveremos juntos nesse domingo!

Sabe, papai, fico muito orgulhosa ao ver que todos nós conseguimos vencer essa tortura... Fico lembrando de você falando nas vésperas daquele dia 1º de Maio que, por favor, eu segurasse, que a gente se amava, que estaríamos sempre juntos e que íamos vencer. E vencemos. Por você nós vencemos os dias longe, as cartas, a dor da saudade, a angústia, as visitas, as despedidas. E essa injustiça, essa permanente injustiça!

Não sei mais o que escrever. Não quero mais escrever, quero falar, quero te abraçar, quero que a gente fique junto, que possamos seguir e construir nossa vida, que possamos seguir, firmes!

Vamos sempre estar juntos e superamos essa prova. Você é um guerreiro do tamanho do mundo, e meu orgulho de ser sua filha só cresceu nesse tempo todo!

Rumo ao Dia dos Pais, juntos!

Beijos!

Te amo!

Mimi

08.agosto.2014

Olá, meu papai lindo e especial,

Pois é, quis a vida que todos nós tivéssemos que passar por mais uma frustração; ontem não foi a última carta... Eu sinto tanto estar agora escrevendo para você de novo, mas fico tão aliviada de ter conseguido estabelecer esse caminho entre nós, pois agora tenho como dizer a você, bem do fundo do meu coração e entre o movimento de meu dedilhar, digitar... Vamos aguentar! Vamos.

Claro, o dia foi cheio de pessoas nos dando os parabéns, vibrando conosco, dando vivas e palmas, por isso, a energia era muito boa. De repente, a mamãe me avisa que não seria possível a sua saída e foi realmente duro o momento de assimilar a notícia. Papis, você não vai acreditar, mas eu estava de novo sozinha, de novo! Dessa vez quem teve o pressentimento não fui eu, foi o Nanan que, desde ontem, não tinha conseguido ainda ficar eufórico, dizia que "só acreditava vendo". Ele tinha razão... Mas como já aconteceu comigo, que, por exemplo, estava sentindo que no agravo as coisas não dariam certo, o fato de ter um pressentimento não faz que depois, ao vermos a coisa ruim acontecer, seja mais fácil. Fica ruim de mesmo jeito...

Mas, e você, meu papis? É em você que pensamos, é por você que sentimos, é em você que estão as orações, as saudades, os amores, todos os desejos de tanta gente... Em você. E, no entanto, você segue aí, segurando do jeito que dá essa vontade louca de quebrar paredes, de romper os muros, de dar um basta em tudo. Eu fico assim te imaginando, é curioso, papis, que depois de julho sempre penso em você com os olhos sorrindo, apesar de tudo!

Eu me levantei. Dei um jeito e me levantei, dei um jeito de sacodir a poeira e segui o dia, principalmente em função da Paulinha e do Luismi... São dois serzinhos tão pequeninos, com sua vidinha tão de criança, mas que ocupam minha alma por completo. Posso estar do jeito que for, mas é olhar para eles, é pensar neles, que tudo muda, tudo fica diferente, tudo ganha outro sentido. Por eles o sorriso volta, a energia se renova, a força se intensifica. E por eles pude ver que não podíamos deixar que a burocracia de hoje apagasse a alegria de ontem, a alegria da resolução, da decisão, da certeza de que sua saída está próxima.

Sabe, é com isso que fico, com a vitória de ontem, com a certeza de que vou te abraçar em breve e verei você daqui a pouco já comendo o seu frango cozido. A montanha ainda está longe, infelizmente, mas o abraço do vovô nos netos se aproxima e esse é um momento que vai colocar todo significado do mundo nas nossas vidas, o momento do abraço. Será que você vai achar que eles mudaram? Será que quando você me viu naquele 02 de julho, a primeira vez depois de dois meses, também me viu diferente? Não sei...

Ah, meu papai, nosso caminho é tão cheio de curvas que às vezes se torna um tanto inexplicável... A verdade é que, com toda a força do meu coração, te digo que aguente um pouco mais esses dias, que respire fundo e pense que agora tem mais uns (poucos) dias para organizar suas coisas. Escreva suas últimas impressões em seu caderno para que possamos juntos seguir o nosso novo rumo, nosso rumo escrito, sentido, vivido, rumo da vida e relação, amor.

Te amo, papai, muito.

Beijos,

Mimi

09.agosto.2014

Olá, meu querido papai,

Como você está? Espero que bem e que receba minha cartinha que vai com todo meu amor e toda a força possível, que possamos vencer tudo isso que está nos acontecendo. De ontem para hoje consegui dormir, descansei, mas novamente trabalhei no sábado, pois dei meu curso de formação. Foi um dia frio, bem frio, mas em que novamente recuperei minha energia vital, porque de alguma forma falar sobre aquilo que acredito, do jeito que acredito, esse contato com as pessoas, me alimenta e me faz muito bem... Eu agradeci de alguma maneira ter hoje o trabalho para me ocupar, pois me ajudou a não ficar pensando e lembrando da decepção que sofremos ontem.

Voltei agora do curso e encontrei a mamãe em casa. Como você deve imaginar, ela estava bem cansada e sentindo por dentro e por fora todo o processo desgastante de ter estado aí, bem perto fisicamente de você, indo atrás das informações e coordenando tudo o que era necessário para lutar até o final por você. Papai, a mamãe lutou muito, tudo o que pôde. Segurou toda a situação como uma guerreira e até o fim não perdeu a esperança de te encontrar... Agora que as coisas não saíram como gostaríamos, senti que a energia dela ressentiu-se um pouco, mas pudemos conversar bastante e retomar o equilíbrio que precisamos ter para encarar esse adiamento do abraço e do estar junto de uma forma mais plena.

Como te disse, não quero deixar passar esse sentimento de alívio pela decisão positiva em relação à sua saída, mesmo tendo ficado sem o Dia dos Pais por pura burocracia. Quero manter aqui dentro a felicidade de saber que você vai sair, que estará daqui a alguns dias com a mamãe e que, em breve, todos nós poderemos te encontrar. Sei lá, papis, é fácil mesmo a gente começar a concentrar nossa energia nesses agentes externos, como o juiz burocrata que decide fazer valer seu poder, ou a demora de outro em assinar, ou todos que te condenaram, mas não quero perder um minuto do tempo que quero dedicar a você cultivando energias que vão acabar me deixando distante daquilo que, de verdade, desejo fazer chegar aí dentro, onde você está. Quero que chegue o amor, a verdade, a paz na consciência.

Amanhã será um dia marcante, especialmente por sua ausência. Mas celebraremos o Dia dos Pais pensando em você, tendo aqui dentro do coração a lembrança de todas as pequenas e grandes, enormes coisas que você fez por nós. E eu, em particular, vou agradecer aqui mentalmente a vida ter me permitido ser sua filha. Eu vou, sim, lembrar da saudade, mas farei cantar mais alto o amor, o carinho, o respeito e a amizade que existe entre nós, meu amado papai.

Te amo, demais, demais mesmo.

Sinta-se muitas vezes abraçado aí dentro.

Beijos da sua,

Mimi

10.agosto.2014

Olá, meu papai mais do que amado,

FELIZ DIA DOS PAIS!!! Obrigada por ser meu pai amado!!! Viva esse papai maravilhoso que nós temos!!! Te amo, papai!

Mas claro, papis, nada disso substitui a maior vontade que eu tinha hoje, que era (e ainda é) de te dar um abraço daqueles enormes, me afundar em você e dizer muitas vezes o quanto sou feliz de ter você como meu querido papai. Mas, hoje, não foi possível... Mesmo assim, pensei bastante em você e no quanto me sinto feliz de nesse dia, durante 33 anos, ter a felicidade de viver um domingo sabendo que fui presenteada pela vida com um papai que é o meu enorme tesouro!

Como foi o dia aí para você? Imagino que cheio de pensamentos e sensações. São tantas coisas acontecendo ao mesmo tempo, tantas situações, tantas idas e vindas que fico tentando imaginar o furacão que está rondando a sua cabeça, tão sempre cheia de ideias e pensamentos enormes, que levam você, e muitos de nós também, para além de tudo.

Recebi notícias suas nos últimos dias por meio da advogada Marina e fiquei muito feliz em saber que, apesar da ausência do querido Marcos, existe outra pessoa que com toda a sua dedicação nos ajuda a chegar até você, ainda que apenas por meio de uma carta. Ela tem sido muito bacana, nos telefona, nos dá todo o apoio, enfim, nos permite manter a tranquilidade de que você está recebendo algum carinho aí onde está.

Hoje fomos almoçar com a família Kayano lá na casa do Tio Dió e da Olinda. No começo, todos nos olhavam como que tentando saber como eu estava, falando mas não falando do Dia dos Pais, mas, aos poucos, as coisas foram ficando normais e achei bem interessante que desde que você foi preso, hoje foi a primeira vez que consegui falar muito de você para minhas primas. Não falar de tristeza, mas de contar coisas tuas, de momentos nossos, de ter você presente de alguma forma. Acho que para a mamãe também foi bem legal estar com a família, ver os pais dela... O Ditchan está bem melhor desde que fez a cirurgia!

Enfim, o domingo passou, acabou, e eu, o Nanan, a Mari, sobrevivemos a esse Dia dos Pais sem o nosso pai do lado. Eu senti no final do dia um pouco da sua angústia, seus receios, essa ansiedade toda, mas não só hoje, como durante todo o final de semana canalizei minhas energias em pensar boas coisas para você *e em cuidar da mamãe para que esteja firme diante do que vem pela frente.*

Falta pouco, papai, falta pouco.

Viva você, viva meu papai lindo.

Te amo!

Beijos,

Mimi

11.agosto.2014

Olá, meu papai lindo e amado.

100

50 +50

1 + 99

96 + 4

100

100 cartas. Hoje completo as 100 cartas, hoje escrevo a você a centésima carta, justo no dia anterior à sua audiência que, espero, levará você de volta para a casa de Brasília, de volta para nós. Realmente, tudo entre mim e você é bastante subjetivo e cheio de significados. Quando escrevi aquela carta 1, nunca imaginei que chegaria aqui, nessa carta 100. Por algumas vezes, achei que estava escrevendo pela última vez... Na carta 52 achei que poderia ser a última, afinal, no dia seguinte, seria o julgamento dos embargos. Não deu. Na carta 96 achei que não te escreveria mais, afinal, o STF tinha dado a autorização para a progressão de regime. Também não deu. Hoje, véspera da audiência, espero realmente estar escrevendo a última carta para você, a carta número 100.

Sabe, papai, quando comecei a escrever as cartas logo apareceram para mim como uma necessidade, como algo vital que me manteria lúcida e firme no meu caminho junto a você, preso.

Aos poucos, fui tornando essa escrita parte da minha elaboração de tudo o que nos aconteceu, não apenas agora, depois da sua ida para a Papuda, mas de tudo, do processo todo, da cirurgia, do 15 de novembro. E acho, papis, que por mais que tenha começado a escrever para ser algo para você, no fim, essas cartas, ajudaram bastante a mim mesma, a entender o que eu estava vivendo e a explicar a você tudo aquilo que ia passando aqui por mim.

Papis, tem algo que sempre ficará marcado dentro de mim, que é a perda, a dor que sentimos, as ausências, as injustiças que nunca poderão ser reparadas. Porque acredito que algumas coisas serão corrigidas, especialmente a sua história, a sua verdade, mas outras... Foram e não voltam mais. Nunca mais a Paulinha vai fazer sete anos de novo. Nunca mais o Luismi vai fazer seis anos de novo. Nunca mais acontecerá a apresentação de música dele e dela, de 2013. Não vai voltar o Dia dos Pais de 2014. E cada data, cada momento perdido, eu pensava: não posso deixar que o papai esteja longe disso, ele não vai ficar longe, eu vou dar um jeito.

E a nossa comunicação foi o jeito, as cartas foram o jeito.

Aqui fui tentando fazer presente a nossa vida de fora, mostrando a você que cumprimos, todos, com seu maior pedido desde sua injusta ida para a cadeia: "Não deixem que esse processo nos destrua, vamos vencer quem quer nos destruir". Assim foi com o mestrado, mas assim foi também com outras tantas coisas que eu, todos nós, tivemos vontade de largar pelo caminho e que não largamos porque você estava sempre, de alguma forma, se fazendo presente e nos relembrando que a maior vitória seria seguir em frente, continuar lutando, não se afundar.

Tudo começou com seu punho erguido, sua dignidade, sua forma de mostrar sua coragem, sua valentia, mostrando a todos que não existe vergonha alguma, pois você não fez nada. Dali para cá todos nós fomos construindo esse tipo de gesto, mostrando que estamos firmes e que, apesar de tudo, quem nos quis derrotar, destruir, humilhar e massacrar, não conseguiu totalmente o que queria, porque nós todos, a Família Genoino, seguiu e seguirá em frente.

Um dia, tudo isso vai passar, acabar, terminar. Nós seguiremos e viveremos as grandes e pequenas datas com alegria e com todo nosso amor. E com você do lado. Voltaremos a dormir bem, em paz, estaremos unidos, e fortes com a tranquilidade daqueles que têm a consciência limpa. Muitos dos que te humilharam não terão semelhante destino, pois sabem o que fizeram com você e sabem que, cedo ou tarde, a vida sempre cobra um preço por aquilo que escolhemos viver e fazer os outros viverem também. Isso não importa, não queremos saber, o que queremos é seguir nosso rumo, você coladinho na gente, e juntos, vamos reconstruir todos os nossos caquinhos que foram apertando nosso coração.

Hoje, papis, escrevo a última carta lembrando a você que estivemos firmes e que aguentaríamos mais 100 cartas, mais 200, mais 1000 se fosse preciso, por você, quantas fossem necessárias. Muitos mais amigos, parceiros, companheiros, estiveram e estão conosco, papis, e eles também estão aqui juntos, felizes em acompanhar as minhas últimas palavras na minha última, espero, carta.

Um beijo no seu forte coração.

Te amo,

Mimi

São Paulo, 30 de abril de 2015

Papai,

Hoje escrevo para você a minha última carta deste processo tão duro e intenso que começou no dia 15 de novembro de 2013. Ainda escreverei muitas outras cartas, mas considero que hoje um ciclo começa a se fechar, começa a chegar ao seu final, e bem, a verdade é que nunca deveria ter começado.

Amanhã você estará de volta a São Paulo, sua São Paulo querida, para nossa casa, para nosso cantinho, nosso sofá. Não posso nem imaginar o que está passando na sua cabeça, no seu coração, por isso, só posso dizer que sinto uma alegria imensa, do tamanho do mundo, de saber que estaremos juntos, convivendo de novo lado a lado e bem pertinho.

Papai, hoje fiquei aqui pensando e lembrando que na última vez que você esteve em São Paulo, a Paulinha tinha seis anos e o Luismi apenas cinco. Eu ainda estava no meio do meu mestrado, morando no apartamento do Nanan e meu apartamento ainda estava sem data de entrega. Quando você foi embora, quando tiraram você de nós, eu era outra pessoa, bem diferente da pessoa que hoje escreve para você. Não sei ainda como foi que conseguimos aguentar todo esse tempo de separação, de provação, de sofrimento, de injustiça, mas sei que conseguimos, aguentamos, e ainda que nosso caminho tenha sido longo demais, a verdade é que ter conseguido superar tudo isso dá uma força enorme para todos nós.

Desta caminhada, Brasília nos deixará uma saudade enorme, quem diria... Apesar de toda a injustiça e o sofrimento pudemos neste um ano e meio vivendo e convivendo na capital, ficar próximos de pessoas queridas, descobrir cantinhos e lugares que não conhecíamos, viver essa cidade, com gente linda, incrível, generosa, alegre, gente que se tornou um recanto de paz no meio de tudo de ruim que caiu na nossa vida. Ficará para sempre a lembrança de sentimentos e relações que só pudemos viver por estarmos nesta situação tão dura, e que, no fim mostra-nos, que mesmo no meio das sombras, algo sempre dá um jeito de crescer, sempre se encontra alguma luz para alimentar e fazer a gente seguir em frente.

Eu imagino, papai, seu medo, sua angústia, suas dúvidas, mas sei também que sua emoção com a chegada tornará tudo muito verdadeiro. Por aqui, está tudo preparado, pode vir tranquilo que estamos te esperando de braços abertos.

Tchau, Brasília!

Que volte São Paulo!

Muitos beijos! Te amo!!!

Mimi

O final ainda não chegou

No dia 12 de agosto de 2014, terça-feira, meu amado pai, meu querido papai, o José Genoino conhecido por tantos, saiu finalmente da Papuda. Neste dia, foi recebido de braços abertos por minha mãe, que voou correndo para Brasília, e por minha irmã Mariana, e o noivo dela, Pedro. Fala-nos por telefone e depois de mais de três meses meus filhos puderam ouvir a voz do avô. No dia 15 de agosto, sexta-feira, eu, Nanan, Marília, namorada de meu irmão, um doce presente que surgiu em nossas vidas no meio deste caminho difícil, Miguel, Paulinha e Luismi voamos correndo para Brasília e pudemos, por fim, abraçar meu amado pai, já longe das grades tristes da penitenciária da Papuda.

Ele ainda teve de permanecer em Brasília por mais de oito meses, sempre acompanhado pela minha fiel mãe Rioco e recebendo sempre que possível o nosso carinho. No final de 2014, meu pai, enviou o pedido de indulto, pois ele cumpria os requisitos necessários, e a imprensa tentou criticá-lo apenas por solicitar algo que era seu direito.

Em 04 de março de 2015, o indulto de José Genoino foi aceito e ele se tornou um homem livre de novo. Livre, mas marcado. Apenas no dia 1° de maio, justamente um ano após sua segunda ida para a Papuda, meu pai retornou para sua amada casinha em São Paulo, onde está vivendo até hoje. Saiu da vida pública, mas circula pelo bairro, onde é respeitado. Saiu da vida política, mas reúne amigos e discute os acontecimentos mais importantes. Não quer mais holofotes, mas espera paciente, junto de todos nós, o dia em que seu nome será libertado de vez, e sua história será resgatada pela verdade.

Minha palavras, aqui, foram escritas para que meus filhos, os netos de Genoino, e todos os que vierem depois dele, sempre saibam que ser da família Genoino será sempre motivo de orgulho, e nunca de vergonha.

Esperamos pela justiça.

Miruna
Agosto de 2016

Posfácio

Este livro da Miruna é o contato vivo com a memória, olhando o presente e o futuro de uma maneira muito concreta. As cartas da Miruna e toda a discussão que nós fizemos, presente em alguns textos seus desde 2005, é um marco.

Miruna revela aqui um tipo de vida que eu tinha, com outro tipo que adotei. Sempre fiz política com um nível de dedicação e desprendimento, a fim de cumprir uma missão e ter uma grande busca, como me jogar 100%, por exemplo, no movimento estudantil, ou quando fui para a guerrilha, depois fui preso e quando saí da prisão...

Quando estabeleci a minha união estável com Rioco, minha companheira, a gente tinha uma questão que martelava a nossa cabeça: continuar a revolução, a luta clandestina. Ter filho é uma grande responsabilidade e a gente discutiu muito sobre isso. Primeiro, as condições materiais, afinal, eu era professor de cursinho, e depois, as questões relacionadas com a nossa vida, dedicada inteiramente à política, e determinadas decisões poderiam se tornar um embaraço.

A Miruna nasceu em 1981 - um ano antes da minha primeira campanha eleitoral, em 1982, para deputado. Ela com um ano e a gente em campanha. Eu não tinha telefone, nem carro, era uma campanha simples do Partido dos Trabalhadores (PT).

Foi uma dificuldade. Seu nascimento nos trouxe uma situação

nova, pois Rioco identificou a cirurgia da cesárea como uma sessão de tortura. Com a ajuda de amigos, psicólogos e médicos, tive que cumprir a tarefa de pai e mãe durante um mês. Nós estabelecemos uma relação umbilical, tudo o que acontecia comigo e com ela, a gente sentia logo.

Quando Miruna morou na Espanha, ela estava mal e eu sentia daqui, mesmo não sabendo o que era. Por exemplo, no dia em que eu saí da presidência do PT (09 de julho de 2005), ela estava num museu, ouvindo uma música de 1942. Ela sentiu alguma coisa e disse que devia estar acontecendo alguma coisa comigo - me ligou e comentei que estava saindo da presidência do PT.

Como me jogava 100% na política, não acompanhava o cotidiano, a escola. Corria a 120 km por hora na política: candidaturas, partido e o começo do governo Lula. Ficava pouco em casa e a política me sugava tudo.

A partir de 2005, tive que fazer uma espécie de retorno revisado do que vivi quando iniciei minha militância política em 1967, e isso desaguou numa mudança, um reajuste da minha relação com a família, com a Rioco, com o Ronan, a Miruna e a Mariana - a filha que mora em Brasília. Antes, eu decidia muita coisa, opinava e escolhia, depois, a partir de 2005, tomei a decisão de discutir tudo com eles. Fui jogado num tsunami muito tormentoso, violento, e essa relação familiar foi o barco que me segurou.

Vera, uma amiga já falecida, me ajudou muito nesse processo. Em terapia eficaz, ela dizia "Olha, Genoino, você sempre fez política tendo o altar, o microfone, a exaltação, o posto era você... e estão derrubando tudo isso. Você terá que fazer política sem o fardamento, sem o microfone, sem o altar, sem a tribuna, sem nada". Passei a viver isso. A relação com a família, em especial com a Miruna, toda essa sensibilidade, uma discussão muito forte. Com a Rioco, conhecida desde o movimento estudantil, nos reencontramos na cadeia - aprofundou essas escolhas que tive que fazer. Passei a ter uma relação mais profunda, mais humana e mais política.

As cartas e as conversas com Miruna - e também as conversas que tive com o meu filho, de outro temperamento, restabeleceu uma relação com a minha filha de Brasília. Numa síntese, a Miruna teve um papel-chave, primeiro porque ela foi para Brasília, e em segundo, porque dirigia e coordenava todo esse movimento.

Conforme nos disse Rioco, a Miruna foi a expressão pública da família. Eu estava impedido. Ela passou a ser a figura pública da família. Quando do começo da minha ida para a prisão, em Brasília, ela deu algumas entrevistas, articulou vários apoios. Miruna foi fundamental na articulação da contribuição para pagar a multa. Criou e organizou aquele sistema de arrecadação, sozinha.

Minha preocupação sempre foi estabelecer, com ela, uma relação na qual não ficasse tolhida. Por exemplo, quando tive a crise do aneurisma da aorta, ela estava em Buenos Aires iniciando o curso. Eu disse "Olha, Miruna, faz o curso, não precisa vir tão urgente, eu vou viver". Depois, quando fui para Brasília, ela também foi e quando escrevia para mim, tinha uma sensação de segurança e de retorno.

A minha militância política nessa nova fase do corpo a corpo, do olho no olho, do contato direto, de repensar o futuro da minha vida, não tem sentido se não for na política - e por meio de outras formas, outros meios, as cartas da Miruna foram muito importantes. Quando as recebia na cadeia, era algo muito forte... Lia as cartas da Miruna, depois eu lia as cartas da Rioco, era uma relação com o mundo aqui fora. Quando você está preso - vivi essa experiência na época da ditadura durante cinco anos, e depois agora -, tem que fazer um movimento no qual mesmo com o seu corpo preso, a sua cabeça não pode ficar presa. Eu via a fotografia do meu neto assistindo jogo, quando ela trazia as cartas, e eu dizia "a minha cabeça não está aqui nas grades, meu corpo está, mas minha cabeça não está".

Eu fazia esse exercício no período da ditadura. Militância política, greve de fome, protesto, documentos que a gente redigia na cadeia... E eu passei a viver essa experiência na democracia, na Papuda, com as cartas que recebia da Miruna. Ela me dava o panorama do que acontecia, das pessoas. Era muito importante, me dava uma certa tranquilidade.

Sempre fui formado com a ideia de desprendimento, de solidariedade, de me ligar com as pessoas, e se eles estavam bem, eu poderia segurar a barra aqui, porque estou com eles lá. Esse era o significado quando lia as cartas. Lia algumas delas para alguns presos, não só as pessoas da minha cela, mas com outros presos. Quando trabalhava na biblioteca, eu lia também livros.

Passei a fazer uma reconstituição memorial, tive alguns pesadelos de fatos importantes deste período, imaginando o crescimento dos meus filhos. Como não acompanhei muito a formação deles, os momentos, que estive com eles eu me dedicava 100% também! As cartas e as manifestações me ajudavam a ter essa compreensão.

Quando você vive uma situação limite, você aprende, a condição humana lhe ensina alguma coisa. Quer dizer... eu gosto muito daquela frase do Victor Serge: "A servidão é a morte. A luta é o risco de morrer". O sistema de dominação transforma as pessoas numa servidão, e a cadeia é a expressão cabal dessa servidão.

Conheci duas instituições na sociedade capitalista que expressam bem essa condição: o hospital, onde você fica imobilizado naquela cama, e a penitenciária, onde você é levado para a condição de estar na servidão. E para você não virar coisa, você tem que lutar, e a luta é ilimitada. Às vezes é um olhar, às vezes é um gesto, às vezes é não botar a mão para trás, às vezes é greve de fome como na época ditadura, às vezes é conversar com os presos como a gente fazia na Papuda, ou trabalhar e organizar a biblioteca...

É a luta. Você aprende a não se submeter, é ilimitado. Quando a gente estava na ditadura era cantar. Cantar o hino da Internacional era uma luta, porque os caras não aceitavam, ou se despedir dos presos cantando a "Suíte do pescador".

Quando estava na Papuda, vivia também essa experiência. As visitas que recebia da família e as cartas da Miruna significavam a continuidade.

O ser humano não pode aceitar as condições de servidão. Ele tem que buscar formas de levantar a cabeça para ser sujeito. A pessoa é sujeito somente quando tem vontade de querer. A gente nasce dizendo não para mãe, nasce reivindicando, e o sistema de dominação molda você ao status quo. Você nunca pode, você tem que aprender a navegar contra a maré, contra a corrente. Não perder a cabeça, não ser destruído.

Todo sistema de dominação, e a prisão é a expressão cabal disso, é feito para lhe destruir. Você vira uma coisa caminhando de roupa branca naqueles corredores, naquelas grades. E você tem que dizer o seguinte: "eu tô aqui, mas minha cabeça não está. Meu pensamento, minha subjetividade, minha relação com as pessoas". Eu acho que isso foca. A vida só vale a pena se as pessoas assumirem a condição de sujeito. A política tem muito a ver com isso, a realização da liberdade humana no sentido da ação, no sentido da prática, de navegar contra a maré, no sentido de não aceitar.

O futuro existe. Mesmo quando interditado, você tem futuro e precisa lutar por ele. Quem quer mudar o mundo tem que aprender a navegar contra a maré.

Tive várias experiências de solidariedade. E para mim, a da família foi fundamental. Como dissemos, a Miruna era a expressão pública dessa solidariedade. Mas a solidariedade, às vezes, recebemos de pessoas que você não conhece. Por exemplo, quando fomos alugar casa em Brasília. Um proprietário olhou para Miruna e disse "você é filha do Genoino?", ela pensou "ah, melou", mas aí ele se emocionou e disse "eu alugo a casa para ele". Solidariedade de uma pessoa que você não conhece.

Esse é o conceito mais autêntico de solidariedade, presente na biografia de Gabriel Garcia Marquez. Ele disse que a solidariedade se expressa quando damos a mão para quem está caindo. Quando você é uma personalidade ou uma instituição e cumprimenta, não é solidariedade, agora, quando você dá a mão para quem está caído, isso tem a ver com a verdadeira solidariedade... Ou aquilo que Che Guevara falava: "A luta pela igualdade, pela justiça é a condição humana em que a pessoa assume a sua opção de luta pela igualdade". Acredito que ela surgiu muito forte na minha vida quando a recebi.

A minha cabeça viveu um filme no qual levei o presente para

o passado e o passado para o presente. Por exemplo, quando estava sendo torturado, com febre de malária e muita sede, eu gritava por água e um soldado me jogou uma garrafa de água mineral por baixo da porta da cela, preso lá no Araguaia. É um gesto de solidariedade. Eu não podia saber o nome dele, mas trouxe para mim. Nos limites, você conhece a solidariedade.

Muitas vezes, o poder não tem rosto, o poder é congelado, o poder é frio. Agora, as pessoas têm rosto, o olhar, a sensibilidade. Tem rejeição, afeto, desejo e você aprende tudo isso nas situações limite, em que o ser humano é testado.

Assim, reestabeleci uma relação com a minha família sem negar a política. A política é a minha razão de ser. A minha vida só tem sentido porque luto por uma causa. O dia que não lutar por uma causa, a vida fica sem sentido.

Agora, estou fazendo política de outra forma. Passei a colocar a minha família na política. Conversei com a Miruna, a Rioco, o Ronan, a Mariana, assuntos que não conversava antes porque ficava embalado naquela missão que estava destinado a cumprir. Esse é o sentido de uma militância política.

Acredito que nós, de esquerda, socialistas, temos que ter uma compreensão de valores, uma compreensão humanista, uma compreensão que a revolução é emancipadora no sentido amplo e radical da palavra. Que você tem que aprender a relação com as pessoas, que você jamais pode manipular, ter preconceito, usurpar as pessoas, alienar. Pessoas não são objetos, você tem que ter uma relação libertadora. Aprendi nas situações limites que você vive com situações libertadoras. É o sentido do que vivi.

Trago comigo uma experiência de dois momentos fortes, a prisão na época da ditadura e a prisão agora, na democracia. Na época da ditadura eu era sozinho, ficava na cadeia e pensava "eu tô sozinho, minha família está no interior do Ceará, então está tudo bem, eu tô sozinho". Na prisão recente, eu tinha família e dizia "a família não é fardo, está me libertando, trazendo aconchego, levando a mensagem para outras pessoas, projetando a minha militância política, a relação das pessoas comigo".

Preciso relatar uma coisa muito importante. Onde vivi, me relacionei com as pessoas. Eu me relacionava com os presos da Papuda, do mesmo modo como me relacionei com os presos do Carandiru ou da penitenciária do Hipódromo. Na Papuda, teve um senhor, um preso com uns 80 anos, quando fui me despedir dele era começo da campanha de 2014, e ele disse: "vê se você ganha eleição", respondi que "eu não podia nem votar, não era deputado", ele insistiu dizendo: "mas você tem que dar um jeito de ganhar essa eleição"; perguntei o motivo dele estar preocupado e disse que eu não poderia nem votar, pois meus direitos estavam cassados. Ele disse mais ou em menos assim: "eu tô aqui numa situação muito difícil, mas minha filha vai se formar médica pelo Prouni, graças ao governo de vocês".

O capitalismo cria um manto de coisificação das pessoas, e você tem que transformar. Lá embaixo, descobri o sentido da humanidade, você aprende a descobrir. Tive a felicidade de viver esses momentos.

Outro exemplo foi o do cara que me levou para o posto de saúde para me salvar. Fui para a Santa Casa, um pedreiro me levou de carro, depois fui de Samu. E o enfermeiro preso que cuidava de mim na Papuda? Era um enfermeiro preso. Como não tinha médico a partir de sexta-feira à tarde, e eu tinha um problema de coagulação sanguínea, ele controlava minha pressão, levava para fazer exames; a gente conversava, dizia para ele de onde eu tinha vindo, como era a nossa vida. Você sempre descobrindo, na condição humana, a condição de emancipação.

Rioco tem o exemplo dessas flores artesanais, que elas e umas amigas (do grupo de bordados) decidiram fazer flores para levar nas manifestações, para ter uma coisa mais simbólica, uma coisa bonita. Como ela mesma diz, as coisas que a gente está vendo são muito feias. E vermelho e branco não precisa nem explicar. As pessoas quando recebem sentem alguma coisa, todos os amigos. Elas fizeram flores com palitos de sorvete e uma amiga sugeriu usar galhos. O pouco que elas distribuem toca as pessoas de uma maneira diferente.

Essas flores também nasceram na minha primeira campanha eleitoral, depois da Ação Penal 470 (2006), quando fui candidato a deputado, numa campanha muito difícil, na reeleição do Lula e na campanha aqui em São Paulo. E a Rioco, com as amigas, faziam, flores que a gente dava para as pessoas nos atos. Era uma maneira de juntar as pessoas e falar de política. Estão chamando esse movimento de "As flores não calam".

A gente acaba tendo uma visão da política como se fosse apenas a política com aparelho, com institucionalidade, com código, e depois você começa a dar uma dimensão ampla para a política, uma relação humana, flores, poesia, bordado, conversas dentro de um sentido. Nós temos que recuperar, na política, a subjetividade, porque ela mexe com a cabeça das pessoas.

A política, os aparatos, as instituições precisam ser reformuladas, mudadas. Agora, se você não der essa dimensão humana, transformadora, a política no sentido da relação com as pessoas, você tem um buraco. O mundo que a gente está vivendo coloca a necessidade de novos paradigmas, nova elaboração, uma nova forma. Ou a gente cai na desilusão, no pessimismo, na culpabilidade e não discute o futuro. Eu acredito nessa ideia de desinterditar o futuro, de buscar uma saída nas situações limites.

Comparo a situação atual com o que vivemos na ditadura militar. Quando cumpríamos pena no Carandiru, nos 1970, éramos 54 na ala dos presos políticos. Assistimos, em 1974, uma derrota da luta armada com mortes, desaparecimentos, com toda a tragédia e a repressão violenta. Começou a surgir o fenômeno da eleição do MDB (Movimento Democrático Brasileiro), em 1974, e a gente preso com aquela visão de que a ditadura cairia com a luta armada, estava acontecendo alguma coisa que a gente não entendia direito.

Começamos a se refugiar cada um em si, num clima muito pesado. Aí vem a nossa tradição cultural, a ideia da culpabilidade, a ideia de quem errou mais, quem errou menos, aí a gente se dá conta de que era preciso fazer um compromisso de honra, um pacto. E fizemos um pacto de vida. Juntamos lá e dissemos assim: "pessoal, nós temos que pensar no futuro, sem futuro a gente vai morrer aqui dentro. Nosso futuro é o seguinte, documentar tudo que a gente viveu, quem morreu, como torturaram e quem torturou. Vamos trabalhar aqui dentro para botar isso para fora". E fizemos um trabalho de escrever essas coisas como testemunha, fazer em cópias em papel de seda com caneta nanquim, botar dentro de cigarro, botar o fumo de volta, tirar clandestinamente da cadeia. Foram os primeiros documentos denunciando as torturas, quem morreu e quem eram os torturadores. Aquilo ali reconstituiu a unidade entre os presos, ou viraria um inferno. A gente se arrebenta, mas a gente não abaixa a cabeça. A gente recriou uma ideia de futuro, a gente cantava a Internacional, fazia greve de fome, fazia documento para mandar para a OAB, para D. Paulo Evaristo Arns, para as famílias. A gente encontrou na militância política do futuro um caminho.

O capitalismo criou a ideia de que não tem futuro, que você não tem de pensar, que não tem saída, que tem de aceitar as migalhas. Isso para mim foi muito forte. Eu vivi isso na cadeia.

Há uma disputa no Brasil sobre um projeto para o País, que distribua renda, que gere cidadania, no qual o Brasil estabeleça uma relação soberana com o mundo e, principalmente, que a democracia brasileira tenha um conteúdo de promover a cidadania. Um projeto tem que se viabilizar com uma universalidade de direitos, fortalecer o princípio da soberania popular e onde as regras não possam ser rompidas. Nós temos uma tradição de autoritarismo, o Brasil sempre teve uma tradição de autoritarismo. Não é por acaso que em todas as rebeliões populares no Brasil, os líderes tiveram suas cabeças cortadas: Zumbi, Tiradentes, Frei Caneca e até os companheiros da luta armada da década de 1970.

O que nós fizemos tem a ver com essa luta que o Brasil trava para construir um projeto cidadão, democrático radical, um projeto de igualdade social. No centro desse projeto tem um conflito, no Brasil e no mundo, o conflito pela igualdade.

Nós combatemos a miséria. Considero que a classe dominante brasileira tem uma formação conservadora, preconceituosa, truculenta, que não aceita certas reformas, mesmo que tenhamos assumido o compromisso de que não haveria ruptura.

Nessa experiência de 14 anos, criou-se uma referência, como foi a dos anos 1960 com o governo João Goulart e o segundo governo Getúlio Vargas, e as lutas que marcam a nossa história. De certa maneira, nós somos e temos que continuar sendo protagonistas na construção desse futuro para o País.

Mudam as formas e o momento, mas a ideia de lutar por um futuro, para um país mais justo e mais democrático é fundamental. Temos aqui instituições invisíveis com um poder invisível e uma carga de preconceito, de violência e truculência. Quando você tira a tampa do esgoto, aparece com toda sua radicalidade. Creio que nós temos de fazer essa luta. Essa luta não pode ser só institucional, ela tem que ter duas pernas: uma perna na institucionalidade, outra na sociedade. Ela tem que ter uma perna na política e outra nos movimentos sociais. Nós temos que aprender a repactuar as coisas, primeiro repactuar o que há de esquerda no Brasil para poder, a partir daí, criar uma resistência social, cultural, política, econômica e humana de não se dobrar a essa dominação, que pela nossa história é truculenta, bárbara e cruel. Resgatar essa experiência, o que ela significou e produziu é importante na construção desse futuro.

Acredito que não deverá acontecer uma superação do Partido dos Trabalhadores (PT). Você pode reformular, reelaborar e rediscutir, mas a forma partido e particularmente na experiência do PT - muito rica, com muita história -, que tem de ser profundamente reavaliada em todos os sentidos, sem nenhum tipo de tabu, sem nenhum tipo de interdição. Isso é muito importante.

José Genoino
São Paulo, outubro de 2016

Para saber mais

Fontes de consulta sobre o tema:

- bloguedosouza.com.br
- brasil247.com
- cartacapital.com.br
- cartamaior.com.br
- conversaafiada.com.br
- jornalggn.com.br
- limpinhoecheiroso.com
- oretratodobrasil.com.br
- outraspalavras.net
- revistaforum.com.br
- tijolaco.com.br
- zedirceu.com.br
- youtube.com/watch?v=Z3U3erTSfP0, canal do PT no Senado - Sessão de 11.out.2012 onde o senador Eduardo Matarazzo Suplicy (PT-SP) lê a carta de Miruna Genoino na tribuna.

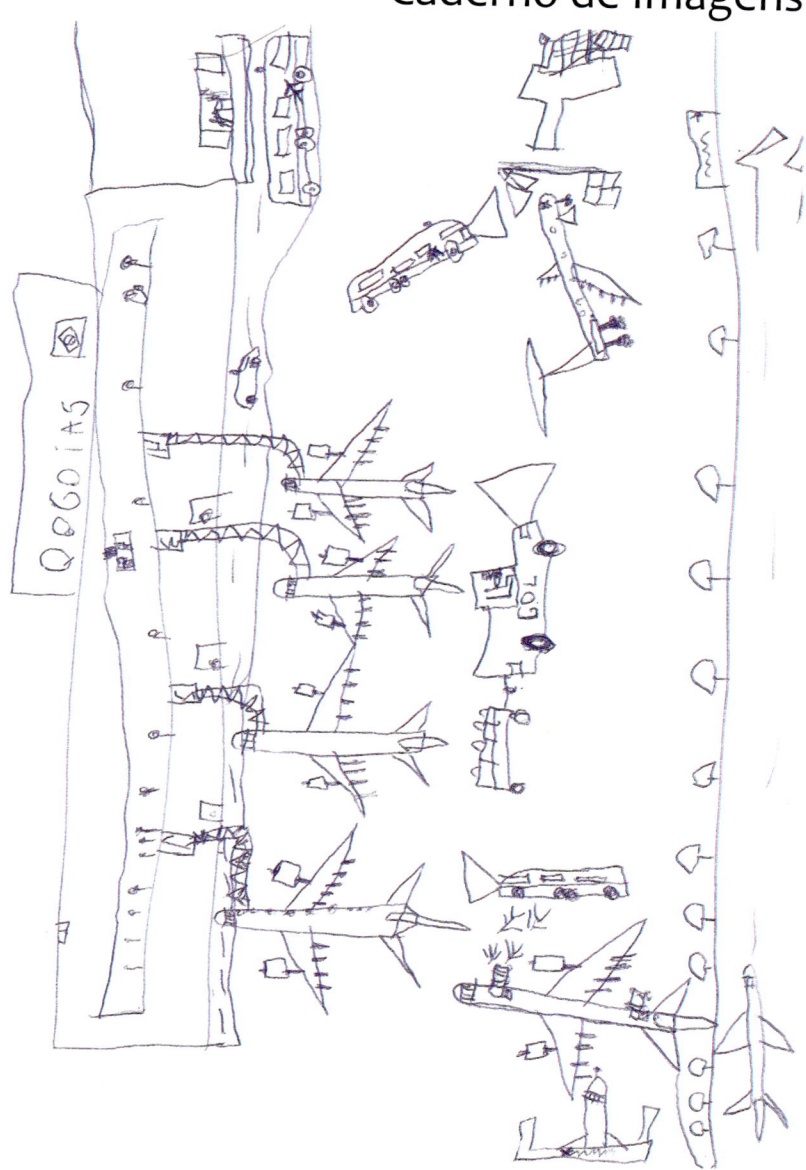

Desenho do aeroporto de Congonhas, feito por Luismi para o avô, e que precisou ser analisado pela segurança, na Papuda, para poder entrar e ser recebido por meu pai.

CÂMARA DOS DEPUTADOS
Gabinete do Deputado **José Genoino** - PT/SP

LIVRO

Desenhos feitos por Paulinha e Luismi para meu pai.

Rio'
24·01·15

Pintura da página anterior e o desenho feitos por minha mãe, enquanto convivia com meu pai em sua prisão domiciliar, aguardando autorização para voltar para São Paulo.

Com Mari, Pedro e minha mãe, no dia em que
saiu da Papuda, em agosto de 2014.

Reencontro de Paulinha e Luismi, depois de mais
de três meses sem se verem. Agosto de 2014.

Dezembro de 2014, último reveillon em Brasília.
Marília, namorada do Nanan (primeira à direita
da foto), já conosco em nossa vida de lutas e
viagens.

Maio de 2015, no dia da chegada à casa de São
Paulo. Meu pai em sua amada casinha, depois de
1 ano e 6 meses longe.

Mimi,

Hoje é um dia especial. Acordei cedo. Tem muita semelhança com os tempos da ditadura quando era o dia de visitas.

Fiquei feliz as notícias do aniversário do Miguel. Viajei durante o dia todo.

Estamos aqui esperando a decisão do Supremo, mas reservadamente para evitar mais frustações. O convívio com o pessoal da cela é legal e solidário.

Fique muito tranquila porque você está sempre presente em todos os momentos.

O que precisa para a mudança pro apartamento fale com o NANÃ. Aproveite a viagem dele e concerte o carro.

Estamos vencendo a cada dia, cada semana e cada mês. A vida só tem sentido com causas e sonhos. Essa é a minha razão de ficar de pé, amar vocês e construir juntos esse caminho.

Abraços a todas amigas, em especial a DANIELA. Beijos nas crianças e abraços pro Miguel.

Mimi,

Na quarta-feira não vou te ver, mas estarei perto de você conversando sobre as coisas da nossa vida. Conversando com você a Rio é uma fronteira. Pensei muito chegando em SP, olhando como a Rio olhar para a nossa querida SP.

Estou na cela, sozinho, escrevendo a nossa comunicação permanente, pensando em você, nas crianças no Nanam, na Rio, no Miguel, Martim e Pedro. A crise com a doença e a prisão produziu uma frágil transformação em mim, e já falei sobre isso, fazer das relações da família Genoíno algo profundo, extenso e permanente. A "minha vida", são vocês, as outras coisas são exteriores da relação profunda. Este foi o sentido, daquela fala sobre as minhas imaginações.

Assumi a posição de que a partir do Hospital e dos acontecimentos da prisão tudo, será visto e decidido em primeiro lugar entre nós, e conosco. Isto tem sido muito bom! Transmite força, e serenidade, diminui a solidão e faz com que eu caminhe num futuro

com os pés mais firmes
no chão.

Querida Mimi cada vez
você cresce no meu coração
e admiração.

Estou firme! Louv a sere-
nidade dos inocentes construindo a cada dia novas
dimensões da vida.

Beijos na Paulinha, Luismi, Abraço
pro Miguel. Abraços aos amigos
e amigas.

G.

Mimi, fiz a carta pra Giuli.
Além disso transmita a ela minha admiração. Nunca esqueça
da Daniela e das suas amigas
e amigos das Varias Ferreira

G.

Cartas do meu pai para mim.

Montagem de fotos feita por um preso da Papuda
para que meu pai "enfeitasse" seu espaço na cela.

Genoino, olá!

Não sou boa com as palavras então vou copiar e colar essas que me tocam o coração e, espero, você também goste.

"CAMINHOS
A História não perdoa os covardes e com o tempo os mentirosos são devorados pela verdade.
Ser livre é um preço caro a ser pago e negar à vida é ser prisioneiro do acaso.
Não tenho futuro, o passado não me pertence e o presente...
Bom, o presente ainda não abri.
Sangue, suor e lágrimas e no final um sorriso largo para disfarçar as cicatrizes de um coração que mais parece um museu de lembranças distorcidas.
Queria que você soubesse, pois se vai caminhar comigo,
isso é tudo que tenho a oferecer."

Sergio Vaz

Força, força, força!!!!!... Teus amigos estão sempre torcendo por você.

Abraços

Neusa Medrado

Setembro/2014

Cartas e mensagens de solidariedade.

Querida Miruna,

com este pequeno gesto gostaríamos de dizer ① que há muita gente do seu lado, muito apoio e que, nem todos estão convencidos e manipulados pelo o que vêm na mídia ② que estamos aqui, pensando em você, em sua família, com vocês nos corações ③ que queremos ajudar e estamos aqui, inventando coisas, por isso, se souber de algo que podemos fazer, avise-nos!

Estas foram algumas das mensagens que conseguimos coletar. Confessamos que, se não há mais, foi porque não conseguimos dar conta da imensidão de mensagens de apoio e manifestações de solidariedade.

Um beijo gigantão e não se esqueça: estamos aqui!

Giuli e Clau

31/10/2012

Curta a página da Cosmos no Facebook!

www.facebook.com/editoracosmos
twitter.com/cosmoseditora
cosmoseditora.blogspot.com.br

cosmos@editoracosmos.com.br
(11) 5841-5597

Papel de capa - Triplex, 300g/m²
Papel de miolo - Off Set, 90g/m²
Tipografia - Garamond, Century Gothic, Candara
Gráfica - Elyon